部下が伸びる マネジメント 100の法則

THE 100 TIPS TO HELP YOUR STAFF GROW.

佐々木常夫
TSUNEO SASAKI

日本能率協会マネジメントセンター

はじめに

いま組織の中間管理職は受難の時代を迎えています。日本経済はかつての輝きを失い、長い長い迷路をさまよっています。多くの企業が厳しい経営を強いられトップからの圧力は、現場を取り仕切る中間管理職を苦しめているようです。

働き方改革の掛け声は担当者ベースではそれなりに浸透しつつありますが、中間管理職にそのしわ寄せがいき、会社の中で最も忙しいのは課長層ということも生じています。

さらに部下はかつての終身雇用・年功序列の時代の割合にフラットな価値観を持っている人たちとは違って多様化しており、必ずしも上司の思惑通りには動いてくれないし、組織へのロイヤリティや共同体感覚も必ずしも強くない状態です。

そうした中で自分の部下を伸ばすという大事なミッションに直面し苦慮しています。

私には自閉症という障がいの長男を含めた3人の子どもがいましたが、その子どもを支えていた妻が肝臓病とうつ病を患って3年間ほど入院したことがあります。

そのとき子どもたちは中学1年生・小学6年生・小学5年生というまだ小さかったので、子どもの世話をするため毎日定時に帰らなくてはなりませんでした。その年に課長になっていた私は毎日定時に帰り、かつ結果を残すべく極限までの効率化を実施しました。「仕事は常に計画的に」「重点度を評価して始めよ」「重要な仕事は必ずフォローアップ実施」「組織みんなの力を結集」「会議は止めるかできるだけ短時間で」など仕事を進める上でのポイントを繰り返し語り、組織全員が同じ目標に向かって業務を進めるように指導を徹底しました。その結果。私は定時に帰れるように、部下はそれまでの数十時間の残業を数時間までに削減することができたのです。

3年ほどで移動の辞令を受けることが多かったですが、異動先でもこの効率的仕事術を実行していき、その職場の働き方を変えていきました。このときそうした効果をあげられたのは部下への具体的指導、そして部下のやる気を引き出すやり方でした。

私は「良い習慣は才能を超える」と思っています。少しくらい能力がなくても良い習慣を身に付けることができれば能力ある人を越えていきます。

この本はそうした私の実践に基づくさまざまな手法を紹介したものです。付け加えますと具体的なスキルのことも大事ですが、最も大事なことは仕事の効率化の両輪はコミュニケーションと信頼関係」ということです。それをベースにすべての部下のモチベーションを高め能力を伸ばすことが求められます。

［部下が伸びるマネジメント100の法則］もくじ

第1章 マネジメントの心構え

第2章 部下をどう指導するか

第3章　部下に必要なスキルを身につけさせる

第4章 チーム力を向上させる

第5章　チームの成果を上げる

第6章 チームに活力をもたらす

第7章　チーム内に問題が起きたら

第8章　部下がついてくるリーダーの心得

第9章　新しい時代の部下育成

第1章　マネジメントの心構え

001

「志」と「情熱」を持つ

マネジメントで何より大事なのは、「志」を持つことです。

「いまどき精神論なんか何の役に立つ」と思うかもしれませんが、志がなければ人はついてきません。志が曖昧では、チームを率いて目標を達成するのは不可能と言っても過言ではないでしょう。

もちろん、人を動かすには知識やノウハウも必要です。しかしそれを生かすも殺すも、志次第だと私は確信しています。

その組織で自分は何を成し遂げたいのか。それを成し遂げるというのはどういうことなのか。成し遂げた先にどんな景色が見えるのか。

そこが明確であれば、何をどうすべきかは自ずと見えてきます。問題が起きたり迷うことがあっても、仕事をどう進めたらいいか判断できるはずです。

逆に志が明確でないと、何かにつけてブレが生じます。「成績を上げる」「売り上げを倍増する」といった目先の目標だけでは、部下に数字ばかり追いかけさせることになり、チームは疲弊します。信頼関係が築かれず、目標を達成するどころではなくなるでしょう。

実際私も課長になったとき、そのことを痛感しました。効率を上げようと部下にいくらスキルを叩き込んでも、思うようにいかず、まるで成果が出なかったのです。

一体なぜうまくいかないのか……考えた末に、私は自分が「自分の都合」や「会社の利益」ばかりを優先していたことにはたと気づきました。

組織の都合や利益だけでは、周りは本気で動かない。人はみな、自分が組織のため、社会のために役に立っているという充足感があってこそ実力を発揮する。

そのためには、自分が部下の成長や幸せを心から願って指導に当たり、情熱を持って自らの志を伝えていかなくてはならない。

そこに気づいてからというもの、課長としての仕事はうまく回り始めました。少しずつでしたが、部下の意識が変わり、チームに活気が生まれ、成果を達成できるようになっていきました。

マネジメントというと、どうしてもノウハウやスキルばかりを考えがちですが、まず心すべきは「志」と「情熱」です。それがあれば、スキルもノウハウも自然と後からついてくるものなのです。

002

部下との絆は「生涯の宝」になる

マネジメントとは、チームを構成するメンバー一人一人と真摯に向き合い、一人の人間として気にかけ、成長をアシストしていくということです。

単に仕事を振ってやらせるだけではなく、部下の仕事に直接手を突っ込み、モチベーションを高めながら、スキルの向上を促していく。さらに部下を見守り、チームとしての成果が上がるよう導いていく。そんな意識が必要です。

マネジメントというと、「部下を管理する」というイメージがつきまといがちですが、実際にはもっと深く一人の人間にコミットし、手間ひまかけて育てていくことといったほうがいいかもしれません。

「そこまで気にかけなければいけないのか」と言われそうですが、単に進捗を管理するマネジメントでは、出せる成果は限られます。手がかかっても一人一人しっかり指導したほうが、ずっと大きな成長が期待できます。もちろん一人一人能力や個性が異なりますから、非常に骨の折れる作業です。

　でも、私の経験から言うと、マネジメントほどやりがいがあって、面白い仕事はありません。部下の成長を後押しし、チームとしての結果が出たときの満足感は、何ものにも代えがたいものがあります。

　私はこれまでのビジネスマン生活の中で、困難な予算編成を達成したり、効率化を促すシステムの実行や大型の設備投資案件を承認にこぎつけるなど、幾度となく重要な成果を経験してきましたが、それは私一人ではなく、すべてチームで成し遂げたことです。

　達成にこぎつけるまでには、さまざまな困難があります。幾度となく語り合い、ねぎらい合い、時には対立し、私が部下を叱責することもありました。

　そうした関係性の中では、揺るぎない絆が生まれます。単なる仕事仲間を超えた、かけがえのないつながりです。それは幸せなことに、私が会社を辞めた今に至るまで、途切れることなく続いています。

　マネジメントとは、そうしたかけがえのない、生涯の宝となる絆をもたらしてくれるものでもあるのです。

　仕事の成果だけでなく、部下との絆という生涯の宝も手にできる。マネジメントはそんな気持ちで臨んでいただきたいものです。

003

「世のため人のため＝自分のため」を念頭に

人はみな、自分が組織のため、社会のために役に立っているという充足感があってこそ実力を発揮する……15ページでそんな話をしました。

世のため人のために働く。それは部下を束ねる立場の人間なら、なおのこと心得てほしいことです。「人の上に立つ者は、私利私欲に走らず、社会や人々のために尽くす＝ノブリス・オブリージュ」の精神を忘れないようにしなければなりません。

というのも、考えてみてください。もしも上司が、自分の利益ばかり考える人だったら、部下の手柄を横取りして捨て石にするような人だったら、自分のミスを部下のせいにして平気な顔をしているような人だったら……そんな上司についていきたい部下など、いるはずもありませんよね。

残念ながら昨今はそういう上司も少なくないようですが、そのような上司が率いるチームや組織に成功や成長は期待できません。人望のない上司、すなわち「世のため人のため」を理解できない上司は、早晩組織から見放される可能性も否めません。

個人としては、何を考えようと自由です。しかし、組織でマネジメントする立場に立つのなら、組織や部下のため、世のため人のためを第一に考えられる人間でなければならないわけです。

ただ、実際に「世のため人のため」を地でいくのはむずかしいものです。

私自身、金銭欲や出世欲もなく、ひたすら会社や部下のためだけに働いていたかといえば嘘になります。手柄が欲しい、上に行きたい、給料を増やしたいといった欲求は人間の本能でもあり、消せるものでもありません。しかしよく考えてみると少し違うことが見えてきました。

たとえば部下のために献身的に尽くせば、部下が成長し、幸せになる。部下から必要とされ、慕われる。それは自らの喜びとなり、活力となり、実績を上げるのみならず、自分を幸せにすることにも通じていく。

まったく同じことが、「会社のため」「社会のため」においてもいえる。要するに、「世のため人のため」は、結局ほかならぬ「自分のため」となるわけです。

マネジメントは部下を成長させるだけでなく、自らを幸せに導くもの。「世のため人のため＝自分のため」を念頭に置きましょう。

004

「礼儀正しさ」を忘れない

カナダ人実業家のキングスレイ・ウォードは、著書『ビジネスマンの父より息子への30通の手紙』（新潮文庫）の中で、こんなことを述べています。

「礼儀正しさにまさる攻撃力はない」

これは慧眼です。経験上、私もその通りだと感じます。私は東レ時代、部下によく「礼儀正しさで役員にもなれる」と言っていたものですが、それは決して誇張ではありません。そのくらい、ビジネスにおける礼儀正しさとは重要なのです。

当たり前のことですが、仕事は一人でできるものではありません。上司、部下、同僚、社内外の関係者や得意先など、さまざまな人とコミュニケーションをとりながら、ワンチームで共に作り上げていくものです。

そこでいかに成果を上げるかは、いかに良い関係を構築するかにかかっています。信頼や協力を得られるかは、「自分が他人とどう接するか」で決まるということです。

相手がどのような立場の人間であろうと、みくびったりせず、不遜な振る舞いをせず、分け隔てなく礼儀正しい行動をとれる人が、協力や信頼を得て、仕事を成功へと導いていくことができるのです。

このことは、部下をマネジメントする際も同じです。部下だから下に見ていい、横柄な態度をとっていいと考えていたら、それは大きな間違いです。悪気なくそういう態度をとっている人もいるかもしれませんが、すぐにでも改めるべきです。

そんなことをしていたら、部下だけでなくいずれ社内外での信頼を失い、自分のみならず、会社の品格や信用にも悪影響を与えると言っても過言ではありません。

では、「礼儀正しさ」とは具体的にはどういうことか。

それは「時間を守る」「きちんと挨拶をする」「お世話になったらお礼を伝える」「過ちを素直に認める」「相手の話をよく聞く」「相手の目を見て話す」「身だしなみを整える」など。いわば子どもでもわかるような、人として守るべきモラルです。

どれも当たり前のものに思えますが、これを実行できる人はじつは少数派です。当たり前すぎて軽く考えてしまう、だから実行できないという人が驚くほど多いのです。

礼儀正しさは、人としての原理原則です。ここを守るだけでも、部下のやる気は変わります。当たり前の礼儀を身につけ、マネジメントの武器にしていきましょう。

005

「在任中の目標」を設定する

上司としての基本の心構えが整ったら、いよいよ実務です。

まず、在任中に何を達成すべきか、具体的な目標を定めましょう。

はじめに明確な目標を定めないと、毎日を漫然と過ごすことになります。あっという間に時間が経って、何の実績も残さないまま、何の評価もされないまま異動ということにもなりかねません。

改善すべき問題に対し、自分なりに達成する方策を考え、実行に移していきましょう。

たとえば、私が入社20年目で営業課長に着任したときのことです。

当時その課では、漁網の原材料と釣り糸を扱っていましたが、漁網は順調だったものの、釣り糸のシェアは低迷。目下の課題は、これをいかに伸ばすかということでした。

そこでまず、低迷している背景を調べました。すると、古くて効率の悪い流通経路に問題があることがわかりました。

そこから私は、「在任中の目標は、釣り糸のシェアを伸ばすこと。そのために、多段階の流通経路をやめ、会社から大型量販店に直接販売する経路を作ろう」と決めました。

このとき大事なのは、目標と同時に、それを成し遂げるデッドラインを決めること。自らタイムリミットを設けるということです。

タイムリミットがあれば、自分を追い込み、遮二無二突き進めます。もたもたせず、効率よく仕事を進めることができます。効率よく進められれば、途中で問題や困ったことが起きても、余裕を持って対処することもできますよね。

私の場合、営業課長の任期はおそらく2年だろうと踏んで、2年間でこの改革を達成することを目指しました。そして1年10か月で新たなサプライチェーンの構築にこぎつけ、結果釣り糸のシェアを大幅に伸ばすことができました。

達成できたのは、ひとえに明確な目標を定め、デッドラインを設けて臨んだからと言っても過言ではありません。

ちなみにデッドラインは、案件の難易度にもよりますが、実際の締め切りより少し早めに設定するのがお勧めです。

「明確な目標」と「適切なタイムリミット」で、仕事を効率よく進めましょう。

006

優先順位をつけ、計画を立てる

在任中の目標とタイムリミットが決まったら、ざっと計画を立ててみます。

たとえば「2年で○○をする」と決めたら、1年目には何をするか、月単位では、週単位では……と考えていきます。

もちろん計画通りにいくとは限りませんが、具体的な計画も立てず、頭の中だけで「こんな感じだろう」と思い描いているだけでは、必ずロスが生じます。取り返しのつかない遅れが出てしまうことも考えられます。

自分だけの問題だったらいくらでも修正できますが、マネジメントする立場の人間の場合、そういうわけにはいきません。部下に無理を押し付けるようなことにでもなれば、信頼関係が損なわれないとも限りません。上司たる者、必ず事前に計画を立て、都度軌道修正していくという心構えが必須です。

もっとも、計画を立てている段階で「本当にこの目標を達成できるだろうか」と懸念を抱くことがあるかもしれません。「立てた目標以外にこんなにすることがあるのか」「人手が足りない、とても2年じゃできない」と思うこともあるかもしれません。

そういうときは、「ダメ」「無理」と諦める前に、手を抜けるところはないか、いっそやめてしまえるものはないか、考えてみましょう。

最重要事項を確認したら、業務ごとに優先順位をつけ、重要度の低いものはやめるか、やるとしても7～8割程度の完成度でやるなど、調整をしてみるのです。

仕事というものは、一見どの仕事も重要そうに思えて、案外重要でもなかったということもあるものです。

そういうやらなくていいもの、手を抜いてもいいものを見極め、その分を重要なものに振り向ける。そうすれば「無理だ」「ダメだ」と思っていたものが、「これならできる！」に変わってくるはずです。

従来の業務を「捨てる」のは勇気のいることかもしれませんが、そう判断したなら、自信を持って切り捨てるべく調整を試みましょう。

このように、マネジメントは「どうすればできるか」と知恵を絞る姿勢が欠かせません。「会社がこうだからできない」ではなく、与えられた条件の中で実行する手立てを考えていく。それがリーダーの仕事であり、面白味でもあるのです。

007

「現場」から離れる

最近は、担当業務もこなしながらマネジメントもするプレイングマネージャーが増えていますが、これはお勧めできません。

マネジメントとは人を動かす仕事です。たとえ規模は小さくとも、メンバーを動かし、一つの目標に向かって行動させ、結果を出さなくてはなりません。具体的業務と同時並行でできるほど生易しいものではありません。

マネージャーの仕事をそれまでの仕事の延長線上にあると思ったら、それは大きな誤解です。マネジメントはこれまでの業務を手放し、現場を離れてみることでもあるのです。

「人を動かす」ということについて、改めて考えてみましょう。

メンバーは、年齢も学歴も、能力も性格も、みな違います。同じ指示を与えても、難なくこなす人もいれば逐一説明してやらなければできない人もいる。時間をかけて丁寧にやろうとする人もいれば、短時間で雑に済ませてしまう人もいる。

そんなメンバー一人一人にあの手この手で対応し、それぞれが能力を発揮できるようにしなければならない。途方もないエネルギーがいることは、容易に想像できますよね。もっとも、プレイングマネージャーにならざるを得ない事情もよくわかります。なかなか部下ができるようになってくれない。時間も人手も足りなくて、仕事を教える余裕もない。仕事は山積みで、締め切りは容赦なく迫ってくる。そんな厳しい現場があるのも事実でしょう。

しかし、厳しいことを承知であえて言いますが、プレイングマネージャーになるのは、マネジメント本来の仕事を放棄しているのと同じこと。思い切って現場を離れ、本来の仕事のために知恵を絞りましょう。

参考までに、私が課長時代に掲げていた「本来の仕事」項目を挙げてみます。

①課の目標と運営方針を定め、遂行状況をチェックする
②部下の監督と成長を把握する
③自分の課と経営サイドをそれぞれ報告によってつなぐ
④社内外の関係者との調整をはかる

場合によっては、項目を増やしたり細分化してもいいかもしれません。具体的に何をすればよいか、自分の場合に置き換えて書き出してみましょう。

008

部下から教わることをためらわない

上司は部下の前では完璧でなくてはならない。何でも知っているような顔をしなければならない。わからないことを部下に聞くなんてあり得ない……これもマネジメントでありがちな誤解です。

何でも知っていて、わからないことゼロでなければマネジメントできないとしたら、誰もマネジメントなどできません。むしろ、知らないものを知っているような顔をしてやり過ごすのは、上司失格と言っても過言ではありません。

というのも、上司には現場の状況を正確に掴み、チームを運営する責任があります。わからないことをわかったふりをして済ませれば、過った判断によって組織に損害を被らせる恐れもあるからです。

だからわからないことがあれば、誰かに聞く。後輩でも部下でも、頭を下げて遠慮なく聞く。虚心坦懐で人に教わるという姿勢が、マネジメントでは不可欠なのです。

実際私が営業の経験もなく営業の課長になったときも、部下にいろいろなことを聞きまくりました。わからなければわかるまで、何度も聞きました。

何しろ営業担当に配属されたのはそのときが初めてです。専門知識もなければ、現場の状況もわかりません。在任中の目標を定めるにしても、現場のことがわからなければ始まりません。

2年の歳月をかけて達成した大仕事も、「わからないことを部下に聞く」という極めてベーシックで地道な作業から始まったわけです。

もっとも教わるわけですから、丁寧な言葉で、謙虚に聞かなければなりません。「教えるのが当たり前」とばかりの態度で接したら、入ってくる情報も入ってこなくなりますし、本当のことを教えてくれないかもしれません。

幸い私の場合、多くの部下が快く、丁寧に教えてくれました。ちょっとエラそうに対応してくる部下もいましたが、まあそこは意に介さず、上司としての矜持を持って謙虚に教えを乞えばいいのです。

教わることで知識や情報を得たら、あとは判断です。知恵を貸してくれた部下の意見に耳を傾けることも大事ですが、決定を下すのは上司の役割。教わるときは謙虚に、されど決定するときは自信を持って、堂々と指示を出したらいいのです。

009

上司は味方にする①「定期的なお伺い」を立てよう

マネジメントでは、部下だけでなく上司への対応も大事です。

日頃から上司とコミュニケーションをとり、信頼関係を構築しておけば、仕事はスムーズに進みます。マネジメントする際に、上司の力を最大限活用することもできるでしょう。

ただし、上司は部下と違い、こちらのペースで物事を進めるのが困難です。部下ならある程度こちらの都合で動かすことも可能ですが、上司の場合そうはいきません。

「そもそも上とうまくやるのはちょっと苦手……」そんな人のために二つほど、上司を味方につけるためのワザをお教えしましょう。

一つ目は、「上司に定期的なお伺いを立てる」ということです。

まず上司のスケジュールを確認し、余裕のある日を選んで、報告や相談のアポイントを入れます。大体2週間に1度くらいで、1回につき30分。このとき、事前に一目でわかるよう用件を文書の形で簡潔に書き、上司に手渡します。

ここで大事なのは、定期的に報告・相談をするということ。こうすれば、上司は部下である私が何をしているか常に把握でき、指示があればそこで出すこともできます。

いちいち気にかけて呼び出さなくても、向こうから報告にやってくる、仕事の手間が省ける、場合によっては留め置いて、ちょっとした雑談もできる。

相談や報告といっても、面倒なことはそうそうないわけですから、自ずと上司との信頼関係も深まるというわけです。

またこうしたお伺いを通して、自分のやろうとしていることに上司からのお墨付きがもらえれば、「上司も賛成している、この方向でやれと言っている」と言うことができます。「上もそう言っているのか」となれば、話はより早く進みます。

自分一人の力でことを推し進めるより、こうして上の力をうまく使ったほうが、よほど得だとは思いませんか？

上司によっては「いちいち報告や相談なんて」と言う人もいるかもしれません。実際私の上司も、「相談って何だよ、面倒だなあ」などと言っていましたが、やり始めると、むしろ定期的に相談に来る私に信頼を寄せてくれるようになりました。

「こいつはいつも自分に何でも相談に来る」とわかれば、上司は部下が可愛く思えてくるもの。心にもないおべっかを使うより、評価を上げるのにも有効です。

010

上司は味方にする②「求めているもの」を与えよう

上司を味方につけるワザの二つ目は、「上司が一番求めているものを与える」ということです。

上司が一番求めているもの、何だかわかりますか？　仕事をそつなくこなすことでしょうか？　何でもハイハイ言うことを聞くイエスマンになることでしょうか。

答えは「自分を慕うこと」。上司が一番求めているのは、部下が自分をリスペクトし、認めてほしいということです。

でも、これが案外むずかしい。仕事ができて、人格も優れていて、社内での人望も厚くて……という人物ならリスペクトするのも簡単ですが、そんな完璧な上司はそうそういません。むしろ「リスペクトなんてとんでもない」という場合のほうが多いでしょう。

でも、上司を味方につけるには、やはりリスペクトつまり上司に対する敬意が欠かせません。何も心から慕わなくともいいのです。「定期的なお伺い」など、リスペクトの気持ちを行動で示すよう心がけ、親しく対応するよう努力しましょう。

じつをいうと、私にもものすごく苦手な上司がいました。性格も正反対で、何かにつけては文句を言い、最初のうちはぶつかってしまうこともありました。

でも、性格が合わなくても上司は上司です。彼とうまくやらなければ、課長としての仕事もうまくいきません。相性云々を超えて、何とか上司とうまくやる方法はないものか。知恵を絞った末に考えついたのが、一つ目であげた「お伺いを立てる」作戦だったのです。

この作戦が功を奏し、私はこの上司と何とかうまくやれるようになり、おかげで大きな問題も起きず晴れてその上司が異動する日を迎えましたが、何を勘違いしたのか、その上司は異動先に私を呼び寄せ、また次の異動先にも、私が指名されました。

リスペクトを行動で示したといっても、私は彼を本心から慕っていたわけではありません。が、人は自分に甘いもので「よく接してくれる＝自分を慕ってくれる」と勘違いするのです。「またこの人の下で働くのかぁ……」というのが本音でしたが、しかし何と彼はその後副社長になり、結果私の出世をサポートしてくれることになりました。

こういうこともあるのですから、やはり上司とはうまくやるに限ります。

相手がたとえ自分と合わなくても、相手の立場に立ち、何を求めているのか思いを巡らせる。苦手な上司は敬遠せず、味方に引き入れるのが賢明です。

011

「今より一段上の視点」でものを見る

チームを率いていくためには、チームにしっかりと目配りする必要があります。メンバー一人一人を成長させ、成果へとつなげていく。それは非常に神経を使うことであり、やるべきことも数え切れないほどあるでしょう。

しかし、だからといって目の前のチームや成果だけを見ていればいいのかといえば、そうではありません。

チームをマネジメントするには、チームだけでなく社内全体にも目をやり、広い視野や高い視座で仕事を捉えることも必要です。それができるのとできないのとでは、マネジメントの成果が大きく変わると言っても過言ではありません。

たとえば業務を行っていく過程で、解決すべき全社的な問題を発見したとします。見つけたからには、何とかしたい。上に提案して問題改善に当たりたい。そう思うのが人情ですが、平時にいきなりそこを訴えたとして、果たして思惑が通るでしょうか。改善の必要性を会社が理解してくれるでしょうか。

組織というものは、こういう場合、何かきっかけがないと動きません。必要性を理解はしても、いざ時間や人員を割くとなれば後回しとなるのが一般的です。

このようなときは、来るべきタイミングを待つに限ります。業績が悪化するなど何らかの問題が浮上した時点で「えいや！」と提案し、その必要性を説く。結果を出すには、目の前の仕事だけでなく、社内全体を見渡した上で動くというセンスも必要なのです。

こうしたセンスを持つには、今の自分より一段階上の立場でものを見て、考えるクセをつけることが大事です。課長なら部長の立場で、部長なら役員の立場で、目の前の問題に対して「もしも自分だったら」と考える。そうすると、おそらく今の立場とは別の見解が出てくるはずです。

先に挙げた例にしても、上の立場で考えたら「改善の必要性といっても、緊急の案件ではない」「今やるメリットは大きくないな」など、真逆の考えが浮かんでくることもあるのではないでしょうか。

そうやって考えると、仕事の仕方は変わります。マネジメントにもメリハリが出て、より効率よく成果へとつなげていくことが可能になります。一段上、もっと言えば経営者の視点で、組織を俯瞰する目を養いましょう。

012

「お客様は神様」という考えをやめる

本章の締めくくりとして、マネジメントする立場の者は「顧客」をどう捉えるべきか、ということに触れておきたいと思います。

会社にとって、お客様は重要です。お客様なくして企業活動はあり得ません。顧客の支持が得られなければ、利益は得られない。その意味でいえば、「お客様は神様」であり、顧客の意向を最大限くむのが会社の使命といえるかもしれません。

でも、だからといって「何でもお客様の言いなりに」は違います。場合によっては「ノー」を突きつけたり、物申さなくてはならないこともあります。

たとえば、かつて在職していた東レのお客様だった企業が、東レに発注していた製品を自社で生産する部門を作り、東レへの発注をストップしてしまうということがありました。長年取引をしてきたお客様が、私たちの競合会社に、敵のような存在になってしまったわけです。

しかし、この会社は開発や生産のためのノウハウが足りないまま走り出してしまったことが原因でやめてしまったのです。その企業がことを進めると知った時点で、東レの担当営業マンは「そう簡単にはいきませんよ」ということを教えてあげるべきでした。

本心から「顧客第一」と考えるなら、引き止めるとまではいかなくとも、せめて一言申し上げてもよかったのではないでしょうか。

一方、「経営の神様」の異名をとるピーター・ドラッカーは、「企業の目的は顧客の創造である」と喝破しましたが、これと「顧客第一」との関係を説明しておきます。

ドラッカーが「顧客の創造」と言ったのは、つまり「顧客の集合体としての市場を作り出すこと」ということです。

そのためには、マーケティングとイノベーションが必要です。マーケティングとは「顧客を理解すること」、そしてイノベーションとは「理解した顧客に対して新たな経済的価値を与える商品を生み出すこと」で、特定のお客のことを言ったのではありません。

このとき大事なのは、「顧客」というのは「非顧客」も入ることです。いま顧客ではないが、そういう新商品を出すことで「新たな顧客」になるという意味です。

目の前の顧客に尽くすことも大事ですが、広い目でマーケットに対応することも大事なことです。そこをしっかりと頭に入れておきましょう。

第2章　部下をどう指導するか

013
「具体的な方針」を伝える

着任してまずすべきことは、「具体的な方針」を伝えることです。

マネージャーとして、これからどのように仕事を進めればよいか、全員の前で、具体的な言葉で伝えましょう。

たいていの上司は方針など伝えず、成り行きで仕事を進めていこうとするものですが、それだと方向性が見えず、部下が戸惑うことも多くなります。周りのことを考えず、自己流で進めてしまう人もいるかもしれません。

方針がわからないまま仕事をするのは、部下にとっては不安なもの。スピード感が出ず、チームもまとまらず、効率よく仕事を進めることができません。

そこで、まずはどういうやり方で、何を重視して仕事に取り組めばよいかを、いの一番に示しておく。口頭で伝えるだけでなく、一枚の紙に簡潔にまとめたものを手渡すのがお勧めです。

私の場合、【仕事の進め方10カ条】と題した文書を部下に配布しました。参考までに、いくつかピックアップしてみます。
①計画主義と重点主義：今年・今月・今週・今日、何をどうやるか計画する。すぐに走り出さず、重要度を評価し、優先順位をつけて行うこと
②効率主義：目的を踏まえ、どのやり方が有効か考え、最短コースを選ぶ。通常の仕事は拙速を尊ぶこと
③シンプル主義：事務処理や資料作成はシンプルに。複雑さは仕事を私物化させやすく、後任者や他者への伝達を困難にする
④自己主張の明確化：自分の考えや主張は明確に持つとともに、他人の意見をよく聞くこと。自分の主張を変える勇気と謙虚さを持つ
⑤自己中心主義：自分を大切にするため、人を大切にし、楽しく仕事をすること。健康に気をつけ、年休を取ること
　大事なのは借り物の言葉ではなく、自分自身のこれまでの経験から得たこと、重要だと確信したことを盛り込むことです。

　部下を縛り付けるための細則ではなく、個々の力を伸ばし、結果へとつなげていくための「信念」が込められることが理想です。

014

大事なことは「反復連打」で

具体的な方針は、部下が実践に落とし込めてこそ意味を持ちます。

理解してくれたものの、実行できたのは最初だけで、その後は絵に描いたモチになってしまった……というのでは、成長も成果も期待できません。掲げた方針は、チームにしっかり根付かせ、一人一人の行動の指針にさせていくことが大事です。

しかし、方針を根付かせるというのは口で言うほど甘くはありません。文書で手渡しても、一度や二度目にしただけではおそらく身につかないでしょう。

そこでやっていただきたいのが、反復連打。何度も繰り返し、方針を伝えるのです。

私も部下たちに、耳にタコができるくらい繰り返し伝えました。

あまりに繰り返したので、「課長、またその話ですか～」「出た！　課長の10カ条！」などとからかわれたこともありましたが、おかげで部下はよく覚えてくれました。この方針に則って業務を行う習慣を身につけてくれました。

ただし繰り返し伝えるといっても、項目だけをくどくど繰り返すのはお勧めできません。

現場の仕事に当てはめて、具体的に伝えることが大事です。

「この場合、最も重要なのはA。だからAには時間をかけ、Bはサッと済ませる。Cに至ってはやる必要があるかどうかも考えよう（①計画主義と重点主義）」

「そのやり方より、もっと早くできる方法はないだろうか。一から自分で作るのではなく、元からあるものをアレンジすれば十分ではないか（②効率主義）」

といった具合に、実例に沿って説明する。そうすれば理屈ではなく、身をもって理解することができると思います。

方針といっても、具体的なイメージが思い浮かばない……そんな場合は、これまでにみなさんが経験した「仕事に対する疑問」を参考にするといいかもしれません。

「こんなのムダなのに」「どうしてこんな大事なことをやらないんだろう」そんな疑問を持った経験がありませんか？　そこを深掘りすると、自分が大事にしていることがわかります。どう仕事を進めるのがよいか、自分なりの考え方が見えてくるはずです。

実際私の10カ条も、元になったのは課長になる前に感じていた疑問です。「なぜだろう」「何の意味があるのだろう」からスタートし、考えを整理した結果生まれたのです。

考え抜いて生まれた信念を、自信を持って、チームで共有していきましょう。

015

「プロセスより結果重視」を徹底する

プロセスより結果を重視する。そう聞くと、とても冷淡に響くかもしれません。努力しても結果に結びつかないこともある。結果だけで判断したら、かえって部下の信頼を失うのではないか。そんな懸念もあるでしょう。

しかし、プロとしてお金をいただいて仕事する以上、何も結果が得られないというのは問題です。プロとは限られた時間の中で効率よく仕事し成果を出すもの。「努力したけれど結果が出ませんでした」はあり得ません。

もちろん努力やプロセスも大事です。でも、まるで結果に結びつかないとしたら、それは真っ当な努力ではないという可能性も考えられます。何か見当違いな働き方をしてしまっているということです。

私の部下で、かつてこんな人がいました。メンバー全員が定時に帰れるよう効率化をはかり、残業せずに済む体制を築いたにもかかわらず、残業をしようとするのです。「もう終わりにして帰りなさい」と言っても、その部下はなかなか帰ろうとしません。

「こんなに重要な仕事をしているのに、なぜ帰れなんて言うんですか?」と言います。

しかし、当人がやっている残業は重要なものではありません。私は再度帰宅するよう促しましたが、残業をすると言って聞きません。そこで私はこう言いました。

「君は会社が求めていない仕事をしているんですよ。それは仕事ではなく趣味でしょう。趣味なら会社ではなく家でやりなさい」

その部下はしぶしぶ受け入れて帰りましたが、こういう努力は見当違いです。その作業が必要かそうでないかを見極められるよう、上司が指導し、本来すべき努力を教えてやらなくてはなりません。

結果を出せない場合、こうした過った努力をしていることも少なくありません。そこをしっかり指摘し、求められているものを常に意識して仕事をさせる。ダラダラ働いてしまう部下に、採算意識を植え付け、プロとしての自覚を促す。それもマネジメントの重要な仕事の一つなのです。

とは言うものの、世間ではまだまだ長時間労働をよしとする風潮がまかり通っています。それが正しいと思い込んでいる部下には、正しい働き方をきちんと伝えていくところから始める必要があるかもしれません。

016

「時間」は絶対に守らせる

着任時と同時に、ぜひ徹底していただきたいことがあります。

それは「時間を厳守する」ということです。

当たり前のことに思えますが、律儀に時間を守れる人は少ないものです。みな頭ではわかっていても、案外平気で5分、10分、15分と遅刻します。平然と遅刻するというよりは、間に合うつもりが間に合わなかった、という場合が多いのかもしれません。

時間に対しては、みな見積もりが甘いということですが、仕事においてはこれが命取りとなることが多々あります。取引先との打ち合わせに遅れれば、重要な案件で深刻な影響を及ぼす可能性も否めません。

出社やチーム内のミーティングくらいなら、多少遅れても構わないと思うかもしれませんが、その甘い判断がチームの成績や士気に関わることも考えられます。「あいつは遅刻魔だから」などと大目に見ず、「遅刻は許さない」と毅然と伝えていきましょう。

ちなみに、私が実践していた「間に合うつもりが間に合わなかった」を防ぐための方法をお教えしましょう。

まず、社内会議やお客様との打ち合わせでは、必ず10分前に着席するようにします。重要な人との待ち合わせや社外での会議の場合は、15分前に着くようにします。

食事を取る場合は、必ず目的地についてから取る。そうやって余裕を持っておけば、万が一交通機関が遅れるようなことがあっても安心ですよね。

「そんな簡単なことか」と思うかもしれませんが、このような習慣の積み重ねが「厳守」につながります。早め早めの行動を心がけるよう、部下にも促していきましょう。

たかが時間、されど時間です。時間をきっちり守る習慣は、仕事において欠かせない「信頼」というインフラを得るということにもつながります。

考えてみてください。人当たりはいいが、打ち合わせにいつも遅れてやってくる、人を待たせておいて平気な顔をしている……そういう人を「信頼できる」と評価し、「ぜひ一緒に仕事がしたい」と思う人はまずいませんよね。

「時間を守りなさい」などと注意するのは、子どもじみているように感じられるかもしれません。でも、時間を守れるチームは、仕事に臨む姿勢も違うもの。結果を出せるチームになるためにも、時間厳守という文化を定着させていきましょう。

017

上司は「発注者」、部下は「受注者」

部下に業務の指示を出す。上司の重要な仕事の一つですよね。

ところが、これを的確に行える人は多くありません。

たいていの上司は、「これこれをやっておいて」と言うだけで、「いつまでに」「どのような完成度で」という具体的な指示を出さないことがほとんどです。

で、自分が思いついたタイミングで「できたか？」と声をかけ、出来上がっていなければ「なぜそんなに時間がかかるんだ！」と文句を言い、見当違いのやり方で進めていようものなら、「誰がそんなふうにやれと言った！」と雷を落とす……。

職場ではよくあることだと思いますが、このような仕事の進め方は、いうまでもなく非効率です。簡単に済ませられるはずの仕事に、何倍もの時間や労力をかけることにつながりかねません。

そこで、部下に指示を出す際は「完成度」と「納期」を伝えてからやらせるようにする。

「今日の3時までに」「A4で1枚程度にまとめて」など、わかりやすく具体的に伝える。

「発注者が受注者に出すように」と考えてみるとわかりやすいかもしれません。

社外の業者に仕事を発注する場合、みな「いつまでに」「こんな感じで」「このくらいのクオリティで」と具体的に指示を出しますよね。納期も完成度も伝えずに発注するなんて、ありえませんよね。

それと同じ感覚で、上司は発注者、部下は受注者として指示を出す。それがムダを省き、効率的に仕事を進めることにつながっていくはずです。

業務内容によっては、かける時間や完成度を部下に考えさせてもいいでしょう。「こういうことをやる」と目標を伝えたら、一人一人に「やるべき業務の選定」「完成度」「納期」について計画させ、こちらでチェックし、必要に応じて修正を加える。

そうすれば仕事の効率だけでなく、「自分の頭で考えて進める」という部下の仕事力アップにもつながりますよね。

もちろん部下の仕事の仕方によっては、軌道修正を促したり、やろうとしている作業にストップをかける必要も出てくるでしょう。そういう場合は遠慮なく、部下の仕事に手を突っ込んでいくべきですが、やる気をなくすような言い方はくれぐれも慎むように。信頼関係を損なわないよう、礼儀をもって「手を突っ込む」ことが大事です。

018

「良い習慣」を身につけさせる

当然ながら、部下はさまざまです。性格も能力も、一人一人違います。

的確に指示を与えたとしても、理解が遅かったり、やる気が今一つだったり、期待通りに動いてくれない部下もいる。そこがマネジメントのむずかしいところですね。

このような部下を指導していくには、ともかく「良い習慣」を促していくに限ります。前に述べた礼儀や挨拶、時間の厳守はもちろん、名刺の渡し方からメールの送り方に至るまで、お手本となる行動を習慣として身につけさせていくことが大事です。

多少うるさがられても、反復連打。部下の成長を願って指導に当たれば、気持ちは必ず伝わります。少なくとも上司に見放されて放置されるよりは、部下もずっと嬉しいのではないでしょうか。

習慣というものは、身につけば大変な強みになります。すぐさま効果が表れなくても、積み重ねることで大きな成果につながります。

たとえば、私は東レの課長時代、始業時間より1時間早く出勤していました。

電車が空いているので、座席に座って新聞が読めます。ニュースに目を通したり、その日にすべき仕事の確認もできます。会社に着いたら、まだ誰もいない時間に集中して仕事ができたため、余った時間を別の仕事に振り向けることもできました。

朝のたった1時間ですが、これを1年続けたら２００～３００時間も多く、しかも密度の濃い仕事時間を確保できたということになります。この習慣が私の成長を大きく後押ししてくれたと言って間違いありません。

ほかにもあります。新聞で気になった数字や本の中の印象に残った言葉を記録する、会議では人より先に席につき、会議資料に目を通す、などなど……誰にでもできる簡単なことですが、これらはみな私を成長させてくれた「良い習慣」です。これらの良い習慣が、出世を叶えてくれたと言っても過言ではありません。

何しろ若い頃の私は、キレものどころか、ガムシャラさだけが取り柄のような平凡な社員でした。だから私が東レで役員になったとき、若い頃の私を知る上司が、驚いた顔をしてこう言ったものです。「君が役員になったのか！　あのボンクラが！」

つまり、会社で認められるか否かは、生まれ持った才能ではなくいかに良い習慣を身につけたかで決まる。良い習慣は才能を超える、ということなのです。

019

「今日の成長」より「1年後の成長」で見守る

部下を指導する際は、成長を長い目で見守るということも必要です。

人間の性分や癖は、そう簡単に変わるものではありません。ガミガミ口うるさく言っても、できないものができるようにはなりません。「昨日注意したばかりなのに、アイツ、また同じことをやっている！」ということがあるとゲンナリするかもしれませんが、そういうときは一歩引いて、状況を冷静に見直してみましょう。

たとえば、上司であるあなたが、仕事のできない部下とできる部下とを比べてしまっている、ということはないでしょうか。

どんなチームにも、できるメンバーとできないメンバーがいるものです。10人いたら、そのうちの2人はすごく仕事ができる人、2人はまったくできない落ちこぼれ……といったところでしょうか。

仕事のできる部下を目にすると、できない部下に対して、「できる人間もいるのに、なぜできない」と思ってしまいがちです。できる部下を過剰に評価し、できない部下を必要以上に低く見てしまうこともあると思います。

しかし、そもそも人間の能力にそれほど大きな差があるわけではありません。同じ社内であればなおのこと、大差があるとは考えにくいものです。

そこを勘違いし、気にするほどでもないことに目くじらを立ててしまってはいないか。振り返ってみるのも大切なことではないでしょうか。

成長速度という意味でいえば、私も決して早くはありませんでした。20代の頃は、「仕事で成長しよう」なんてこれっぽっちも考えていませんでした。

そんな調子でしたから、よくミスもしました。同じ失敗をしては怒鳴られて……ということもたびたびでした。仕事ができるできない以前に、働くことを甘く見ていたところもあったかもしれません。

でも、そんな私も時間とともに変わりました。ミスをしないよう工夫し、どうしたら失敗しないか試行錯誤し、地道にコツコツ努力を重ね、出世への階段を駆け上がっていくまでになりました。

人の成長は、時間を要することもある。部下にイラッとしたときは、「今日の成長」より「1年後の成長」と、自分に言い聞かせることも大事です。

020

部下のモチベーションを上げる

強いチームを作るには、「個々のモチベーションを上げる」ことが重要です。

前項で述べましたように、能力の差はさほど重要ではありません。むしろ重視すべきは、仕事に対するやる気、熱意、モチベーションです。

表面的な仕事ぶりだけを見て、できる部下ばかりを重用すれば、そうでない部下はやる気を失います。チームがギクシャクし、出せる成果も出せなくなります。そうならないためには、全員の熱意を引き出し、一人一人のモチベーションを高めていくことが必須です。

もちろん、中にはやる気が見られない、チームの足を引っ張りかねないように見えるメンバーもいることでしょう。

しかし人間というものは、程度の差はあれ、もっと能力を高めたい、自分を磨きたいと思っているものです。

心理学者のアブラハム・マズローは、「マズローの法則（欲求5段階説）」の5段階目として「自己実現欲求」を挙げています。「自分にしかできないことを成し遂げたい」「自分の能力を活かして成長したい」といった欲求です。

この欲求をいかに満たし、やる気を出させ、仕事に対するモチベーションを高めていくか。ここがまさにマネージャーの腕の見せ所です。

具体的にどのような方法を取るのかは、もちろん一人一人異なります。

ちょっとしたことを褒めるのがいいのか、むずかしい案件を終えたタイミングで「よくやった」と称賛するのがいいのか。みんなの前でオープンに言うのがいいのか、二人だけのときにさりげなく言うのがいいのか。

あるいは具体的な言葉ではなく、さらに責任のある仕事を任せることでやる気を起こさせる、というやり方もあるかもしれません。どんな方法が効果的か、部下によって使い分けることが大事です。

中には、部下をコマのように考えて動かそうとする人もいますが、そのような姿勢で向き合っても部下のモチベーションは高められません。魂胆を見抜かれ、信頼をなくすのが関の山です。

「仕事を通して自己実現を果たしてほしい」という思いを胸に、褒めて認めて叱咤激励する。そのマネージャーの真心や熱意が、部下のやる気の原動力になります。

021

時間をかけて面談を行う

「部下のモチベーションを上げることが重要」と言いましたが、そのためには当然ながら、部下について知っておかなければなりません。

そこで必要となるのが、面談です。着任後できるだけ早いうちに、部下一人一人と面談の時間を設けるようにしましょう。

ちなみに私の場合、春と秋の年2回、一人につき2時間ほどかけて行いました。「2時間も！」と思うかもしれませんが、面談はある程度時間をかけて、膝を突き合わせてじっくり話し合うことが大事です。

表面的ではなく、なるべく本音で語ってもらうのです。どんな性格でどんな考え方の持ち主なのかはもちろん、不安に思っていることや悩んでいることはないかなども、把握しておくのがベストです。

なぜなら、部下が１００％の力を発揮するには、プライベートが健全で悩みが少ないことがとても大切だからです。

プライベートな悩みというのは、案外心に重くのしかかるものです。それが足枷となって、仕事に全力投球できないというケースも少なくありません。

もちろんカウンセラーになる必要はありませんし、デリケートな問題にやたら深入りすべきではありませんが、悩み事をちょっと誰かに話したら、心が軽くなったということはなきにしもあらずです。面談で話して気が晴れて、仕事に対するやる気が高まり、仕事ぶりが良くなるということも十分考えられます。

部下に心を開いて話をしてもらうには、まず上司であるみなさん自身が心を開くことが大事です。「部下の話を聞いてやろう」という上から目線ではなく、お互いを知るつもりで、ざっくばらんに自分のことを話題にしてもいいと思います。

私も面談の際、部下に妻の病気や長男の自閉症など、包み隠さず話しました。それがきっかけになって、自分の悩みを打ち明けてくれた部下もたくさんいました。こちらが素直にさらけ出したことで、部下が私を信頼し、自分のことをもっと話してみようと思った、ということなのかもしれませんね。

このように、面談はチームに欠かせない信頼関係の土台となります。部下の情報を集めるだけでなく、関係性を築く貴重な機会という心づもりで面談を行いましょう。

022

面談は「話すが2、聞くが8」で

面談は「部下と信頼関係を築くための対話」です。上司が一方的に話し、部下が黙って聞く、といった形にならないよう注意が必要です。

上司と部下とで会話すると、どうしても上司がしゃべって、部下が聞くということになりがちです。部下の話を聞くつもりが、気づいたら自分ばかりペラペラしゃべってしまっていた、ということも少なくないものです。

しかし、それでは面談の意味がありません。面談を有意義なものにするには、こちらから意見や考えを述べるのは最小限にし、部下の話をとことん聞くことが大事です。

「話すが2割、聞くが8割」くらいで考えておくといいでしょう。

私の場合、面談の前半はプライベートなこと、後半は仕事のことについて話すようにしていました。家族や趣味、好きなことなどついてひとしきり話すと、仕事についても比較的本音で話がしやすくなるからです。

仕事に関しては、まず現在担当している業務について、「不安はないか」「困っていることはないか」など具体的に聞きます。それ以外に「今後チームがどうなっていくといいか」「どんな会社になってほしいか」など、組織に対する考え方も聞くようにします。

このように幅広く聞けば、当人の気持ちや考えがより深くわかります。自ずと本音が出て、不満や納得のいかないことも話してくれます。

それに対して、できる範囲で対案を示したり、誤解を解いたり、考え違いがあればそれをたしなめたり。そのように対応すれば、信頼関係はグッと深まります。

ちなみに、面談は入社して日の浅い、一番若い部下から行うのがお勧めです。

若い部下は打算がないため、チームや会社について思っていることを率直に話してくれます。先輩やベテラン社員について「この人は人気がある」「あの人はちょっとクセがあって」など、人物評を聞かせてくれることもあります。

するとベテランたちは、自ずと発言に慎重になります。計算高い悪口や噂を口にしにくくなります。もちろん人物評のすべてを鵜呑みにするわけではありませんが、若手→ベテランの順序で面談すると、チームの状況が摑みやすくなるという気がします。

最近は、面談の重要性が指摘されています。みなさんなりに定期的な面談を設定し、部下のモチベーションアップに役立てましょう。

023
セクハラを防ぐには、部下に敬意をもって接する

面談に関連して、「セクハラ」についても触れておきます。

昨今は、何かとハラスメントが問題になります。特に男性の上司と女性の部下の場合、セクハラで揉めるケースもしばしば聞きます。

「面談で個人的なことを下手に聞いたら、セクハラだなんだ、プライバシーがなんのと騒がれるのではないか」と、ためらいを覚える人もいるでしょう。

事実私の知り合いにも、「女性社員とは仕事の話しかしない」と断言した男性がいます。女性の部下に個人的なことを聞いたら、セクハラだと騒がれた。こちらに悪気がなくても、どう受け取られるかわからない、だからプライベートなことについてはもう一切話をしない、というのです。

私が察するに、これはセクハラ以前に、コミュニケーション能力の問題ではないかと思います。良好な人間関係が築かれていない相手に、「この程度のことは許されるだろう」という憶測で無神経な発言したのではないかと、そんな気がするのです。

では、このような失敗をしないためには、どうしたらいいか。

それは、部下に対してリスペクトの気持ちを持つこと。「相手を不愉快にさせる発言はするまい」という敬意をもって話をすることです。

そうした敬意が伝われば、プライベートについて触れても、部下が不快に感じることはないと思います。「自分のことを思って言ってくれている」と受け止められれば、少なくとも「セクハラをされた！」と騒がれるようなことはないはずです。

実際、私は数えきれないほどの部下と面談をしてきましたが、セクハラで不愉快な思いをしたと言われたことなど一度もありません。むしろ多くの部下が面談を楽しみにしてくれていました。

不愉快な思いさえしなければ、たいていの人は自分の個人的な話を聞いてほしいもの。もちろん自己開示の程度は人によってさまざまですが、ハラスメントにビクついて仕事の話しかできないというのは、寂しいことですし、失うことも多いのではないでしょうか。

なお、セクハラに関しては「性別役割分担意識」にも気をつけたいものです。「女性にこの仕事は無理」「母親は子育てに専念すべき」はもちろん、男性社員に「家族を養うのは男の役目」もご法度です。

024

男性社員が育休を取得できる風土を

厚生労働省の調査によれば、令和3年度育休を取得した男性は13・97%。前年度に比べて1・32ポイント上がり、過去最高となったのだそうです。

でも、これは世界的に見てもまだまだ低い数字です。取得期間を見ても、最も多いのが「5日以上2週間未満」。女性の「12か月以上18か月未満」に比べると、大きな開きがあることがわかりますね。

政府は企業に対して、妊娠・出産を伝えた従業員に制度の周知と育休を取得するかの確認をし、さらに従業員が1000人以上の企業には、男性の育休の取得率を公表するよう義務づけました。

少子高齢化による人口減少対策、あるいは育児参加による人生の充実をはかる狙いがあるのだと思いますが、制度が有効活用されるかどうかは疑問です。制度を設けても、実際に育休を取得しようという男性はなかなか増えないのが現実だと思います。

理由としては、夫が育児の楽しさや喜びを理解できない、夫の育児参加に妻が消極的、などさまざまでしょうが、一番は何と言っても「取りにくい雰囲気」。組織内に育休を取得できる「風土」がないということが大きいのではないでしょうか。

これは変えていくべき風土です。男性の育休取得は妻との関係を良好にし、家庭円満の空気を作ります。女性の活躍支援にもつながりますし、もちろん育児を通して本人が多くの気づきを得て成長することも期待できます。

「そういう雰囲気じゃないから」と諦めず、みなさんも男性社員の育児休暇取得を積極的にすすめてみてはどうでしょうか。

そもそもせっかくの制度を活用しないというのはもったいない話です。空気や風潮に流されて、やるべきことをやらないのは会社にとっても大きな損失です。

マネージャーの任務は、「どうすれば部下が成長するか」「どうすればチームのモチベーションを維持できるか」を考えること。その本来に立ち返って考えれば、男性の育休取得も無視できないミッションだといえますよね。

会社にはしばしばよろしくない風土が見受けられるものですが、私としては、できれば積極的に修正すべく行動することをお勧めしたい。もっともなことであれば、賛同者が現れ、協力し合うこともできるはずです。

025

他部署や他社の若手から相談を受けたら

指導したり面倒を見るのは、自分のチームの部下だけでいい。そう思っていませんか。だとしたら、そこは少々考え直していただいたほうがいいかもしれません。

もちろん、チーム内の部下を優先的に育成するのは当然です。他部署の部下まで懇切丁寧に面倒を見なければいけないとは言いません。

しかし、だからといって「よそのメンバーなんかどうでもいい」「他社の若手のために力を貸すなんて時間のムダだ」と考えるのは早計です。できる範囲で、積極的にサポートに手を貸すべきだと私は思います。

世の中は、自分のチームや自分の会社だけで成り立っているわけではありません。視野を広く持ち、同じ時代に、同じ社会で、同じ人間として生きる仲間という意識で、必要に応じて手を差し伸べあっていくことが大事です。

そもそもお互いに助け合ったり、人のためにできることをやるというのは、人間の本能でもあります。情けは人のためならず、とも言いますね。そういう姿勢で接すれば、周囲から信頼が得られ、巡り巡って必ず自分たちへのリターンになります。

30代の初め頃、ある会社の建て直しのため、出向社員として派遣されたことがあります。東レがその会社の債権を最も多く保有していたこともあり、通産省（現・経産省）の求めに応じて、東レが手助けをしたのです。

ところが、その会社の窮状に心から手を差し伸べようとする人はあまり多くなかったのです。東レから多くの人材が派遣されましたが、その中には「功成り名を遂げる」ことばかり考えて、出向先の社員を慮ろうという人はあまりいませんでした。

私は「こんな状況で建て直しなどできるはずがない」と考え、出向先の社員に声をかけ、悩みを聞いたり、飲み会をするなどコミュニケーションをとる機会を作りました。支援にやってきた立場の人間としてではなく、共に建て直しを目指す仲間として接しました。

そうした態度が報いられ相手から信頼が得られ、出向先の現実がわかる情報が手に入るようになり、必要な改革をスムーズに行うことができました。出向先から感謝された上、本社からは評価され、その後の出世を後押しすることにもなりました。

仕事ではあまり垣根を作らず、自利他利円満で協力し合うのが理想的だということを、ぜひとも部下にも共有していただきたいものです。

026

社内外での研修・勉強会は積極的に参加させる

部下の育成では、社内外で行われる研修会や勉強会への参加も有効です。

特に社外活動は、社内では得られない異業種からの学びや体験がたくさんあります。部下にとって自分を成長させる良い刺激になるに違いありません。

中には「忙しいから参加できない」「勉強会に参加するより目の前の仕事に打ち込むほうが評価される」などと言って参加したがらない部下もいるかもしれませんが、できるだけ参加を促すようにしたいものです。

じつをいうと、私も若い頃は「勉強会なんか、何の役に立つ」と思っていました。会社から言われてしぶしぶ参加した勉強会で、あろうことか講師を務めてくださる先生の前で「勉強会なんて、参加しても何の得にもならない」とぼやいたことさえありました（失礼すぎますね！）。

ところが実際に参加してみたら、これが驚くほど面白く、ためになる。「これはすごい」と感じた私は、毎回会場の最前列に座り、先生の目の前で話を聞きました。わからないことがあれば、どんどん質問もしました。

ちなみに、このときの講師の先生は、その後日本の経済界をリードする存在となり、多くの企業の取締役や顧問も歴任されました。縁あって何年後かにお会いする機会があったのですが、そのとき先生は、笑いながらこうおっしゃっていました。

「研修など何の得にもならないと言っていたあなたが、一番勉強してましたよね（笑）」

今思うとお恥ずかしい限りですが、私のような例もあるのですから、みなさんはぜひ、部下たちに自信を持って研修会や勉強会への参加を促していただきたい。つべこべ言い訳して参加したがらない部下ほど、学びが大きいということもあるかもしれません（笑）。

研修会や勉強会の参加者は、みな端っこや後ろのほうに座って遠巻きに話を聞いている人が多いですが、これは大変もったいないことです。最前列に座って、わからないことがあれば、遠慮なく先生に質問するよう指導しましょう。

研修会や勉強会は、目の前の仕事に即結びつく類のものではありませんが、参加しただけで仕事に活かせないというのも残念です。参加後は、何を得たか、何を学んだかチームで共有する機会を設け、それぞれの体験や学びを実際の業務に反映していけるよう促していきましょう。

027

「メンター制度」を有効活用する

マネジメントの一つとして、「メンター制度」に触れておきましょう。

メンター制度とは、一言で言うと、若手社員を育成する取り組みです。4～5年上の先輩がアドバイザーとなって、後輩を指導、育成していくのが一般的です。同じ部署の先輩社員が、ブラザー（兄）やシスター（姉）として指導に当たる「シスター・ブラザー制度」と呼ばれるものもあります。

メンター制度は、実践を通して業務知識やスキルを身につけるさせるＯＪＴ（On-the-Job Training）が王道ですが、じつは業務だけでなく、メンタルのサポートも行うのが理想的です。メンターの名の如く、先輩が後輩の人生の助言者となるわけですね。

この制度は、現実に効果が実証されています。制度を採り入れたことによって、離職率が4割から1割に下がった例もあります。

若手社員が誰にも相談できず、一人で悩んで辞めてしまうという状況に歯止めをかける効果が期待できるわけですが、これはサポートされる社員だけでなく、サポートするメンター社員の成長にも役立ちます。

というのも、人に何かを教えるには、自分も相当学ばなければなりません。悩みを聞くにしても、相手の問題や立場を理解する力が求められます。そのための試行錯誤を通して、深い思考力や理解力が身につくからです。

こうしたメンターの業務を遂行するには、当然研修が必要ですし、適性もあると思いますが、メンターとしての役割を果たせるようになれば、当人にとっては大変な成長です。社内全体のコミュニケーションが活性化することにもつながります。

このように、部下の育成は上司による直接的な指導だけでなく、社員どうしで学び合い、互いの能力を伸ばしていくというやり方もあります。社内に制度がなくとも、参考にし、ぜひマネジメントに採り入れていっていただきたいものです。

ちなみにメンター制度は、男性には男性が、女性には女性がメンターとしてつく同性のマッチングがベターです。

成功させるポイントは、何でも相談できる関係性の構築を目指し、月に一度、あるいは2か月に一度程度の割合で、継続的に交流を持つようにすること。当事者どうしだけではなく、事務局のような第三者が見守り、計画的に行うのがお勧めです。

028

部下の「キャリアビジョン」を明確にする

キャリアビジョンとは、「自分がなりたい、理想とする将来の姿」です。たとえば、

・ユーザーファーストのコンテンツを生み出す
・店長としてトップの売り上げを達成する
・グローバルな視野を持って海外拠点との橋渡しをする
・エンジニアとして会社を代表するようなヒット商品を生み出す

似たような言葉に「キャリアゴール」がありますが、こちらは「今期売り上げを10億にする」といった具体的な数値を掲げたもの。これももちろん大事ですが、その前にまず、キャリアビジョンを明確にしておくことが必要です。人は「こうなりたい」と思った以上のものには、なかなかなれないからです。

「こうなりたい」というものがなければ、やはり「どうでもいいや」になってしまいがちです。精一杯の努力ができず、大して成長もできないということになってしまいます。

具体的なキャリゴールを設定し結果を出していくためにも、キャリアビジョンは不可欠

なのです。面談などを通して、部下のキャリアビジョンを明確にしていきましょう。

キャリアビジョンを考える際は、「人としてどうありたいか」を考えることも大事です。華々しい成果や肩書きに憧れるのももちろん悪くはありませんが、「どんな人生を送りたいのか」という視点が欠けていたら、結局目の前のことに追われ、疲れ果てるまで働くだけで終わってしまいます。目標を達成したはいいが、体を壊し、家族や仲間の信頼を失い……ということにもなりかねません。キャリアビジョンは仕事のみにフォーカスせず、人生を包括的に見て立てるようにしたいものです。

私の場合、「自分が幸せになる」ということを目標に掲げました。そこからキャリアゴールを設定し、何をどうすべきかを考えていきました。

度重なる人生の困難を乗り越えられたのも、この目標があったからと言っても過言ではありません。「どうありたいか」を考えることは、生きる上で、働く上で、常に羅針盤となってくれるのです。

キャリアというものは、一歩一歩の積み重ねです。目の前のことを一生懸命に、継続してやっていくことが大事です。一本のわらから大きな屋敷を手に入れたわらしべ長者のように、慌てず朗らかに、試行錯誤していくことが成就への道です。

第3章　部下に必要なスキルを身につけさせる

029

「プラン・ドゥ・シー」を徹底させる

仕事の進め方の基本は、「プラン・ドゥ・シー」です。計画（プラン）を立て、実行し（ドゥ）、結果を評価（シー）する。評価が予測と違っていたり、問題が生じたりしたら、原因を探り、対策を考える。それをもとに、次の計画に活かしていく。おそらく知らない人はいませんよね。

ところが、みな案外これを怠ります。何のプランも立てず、場当たり的に業務をこなそうとする人がたくさんいます。

「まずは手近なところから」「普通はこうだろう」などといった思いつきや思い込みで走り始めてしまうわけですが、これは非効率の始まりです。

計画を立てずに走り出せば、途中で「この作業は不要だった」「二度手間になってしまった」と気づくなど、時間や労力の無駄遣いにつながることが多々あります。部下に必要のない失敗を繰り返させることにもつながりかねません。

「いつもムダばかり」「がんばっているのにミスしてばかり」といった残念な状況を作ら

ないためにも、チーム内で「プラン・ドゥ・シー」を徹底していきましょう。「プラン・ドゥ・シー」は、大きな仕事をするためのものとは限りません。会議の準備をする、期限までに資料を揃えるなど、日常的な業務にも当てはめ、活用していくことが大事です。

何のための会議や資料なのか、レベルや規模はどうか、準備するのに時間はどのくらいかかりそうか、目処をつけてから準備や資料作成に臨む。日常的な業務でプラン・ドゥ・シーを回せてこそ、大きな仕事で実行できると言っても過言ではありません。

「プラン・ドゥ・シー」では、「ミスを振り返る」というところが重要です。ミスを単なるミスではなく、結果を出すための手がかりとしていく。そこを意識して回していけば、部下の「ムダやミスばかり」の改善につながっていくはずです。

たとえば、「やり忘れ、伝え忘れ」がミスの原因なら、メモを取る・見返すなどの対策を促す。準備不足が原因なら、準備のための時間をもっと増やすようアドバイスする。小さなことですが、こうした細やかな振り返りと対策が結果を出すことにつながります。

小さな業務でも「プラン・ドゥ・シー」を徹底し、計画的に、自ら考えて動く習慣を部下に促していきましょう。

030

仕事は「計画的に」「締め切りを決めて」「最短コース」で

私は東レの課長時代、部下に次の3つを守って仕事に取り組むよう指導していました。効率的に仕事を進めるために不可欠な3項目をご紹介しましょう。

①仕事は計画的に行う

前項でもお伝えしたように、成り行きに任せて仕事を進めるのは非効率です。どんな業務も計画的に、プラン・ドゥ・シーで進めます。

私の場合、部下に「業務計画書」を提出させていました。毎週1週間でやる仕事を挙げさせて、それぞれどの程度の時間で行うつもりかを報告させ、必要に応じて修正を加えます。業務後は必ず振り返りを行い、計画と実績の差を検証し、次回に向けて改善策を話し合います。

②締め切りを決めて行う

計画を立てる際は必ず「締め切り」を設定します。「〇〇について調べ、レポートにまとめる」のような業務であれば、具体的にやるべき業務を列挙し、かかる時間の見当をつけ、それぞれをいつまでに終わらせればいいかを逆算し、日程を組みます。

それほど時間のかからない作業の場合も、「午前中に終わらせる」「今日中には片付ける」など締め切りを決めれば、ダラダラ仕事をすることはなくなります。

③最短コースで行う

業務はできるだけ速やかに終わらせることが重要です。さほど重要ではない仕事はカットするか、あるいは「手抜きをすること」も必要です。すべてを自分でやろうとするのではなく、他の力を借りられないか方法を考えてみます。

中でも、②の「締め切りを決めて行う」はむずかしいものです。設定してみたものの守ることができず、「残業しよう」「家に持ち帰ってやろう」となってしまうことも少なくないかもしれません。

でもそこで諦めず、締め切りに間に合わせるべく知恵を絞る。それが部下の仕事力を高め、結果を出す力にも通じていくはずです。部下を適切にサポートしつつ、「限られた時間の中で成果を出す」という仕事の仕方を教えていきましょう。

031

仕事は拙速で、されどメリハリをつけて

仕事は最短コースを選び、拙速で進めることが重要です。ダラダラ働くことは、部下の育成において百害あって一利なしと言っても過言ではありません。

でも、だからといって何でもかんでも「拙速」がいいわけではありません。スピード感を重視するあまり、重要なことを見落とし、仕事の質を落としてしまっては本末転倒です。すぐにやるべきか、熟慮して行うべきか、メリハリつけることが大事です。

たとえば、会社の成長を決定づけるような重要なテーマの場合、スピード感より、誤った方向に走らないよう時間をかけてじっくり検討する必要があります。

東レのプラスチック部門の部長だった時代、海外の設備投資を任されたことがありましたが、こうした案件に関しては十分時間をかけました。どの国にどんな設備を建設したらよいか、これ以上ないくらいみんなで議論し合いました。

とはいえ、与えられた時間には限りがあります。タイミングを逃してはうまくいくものもいかなくなります。

そこで、考えに考えて決断した後は、猛スピードで動きました。結果的にこの案件は成果を出すことができましたが、それは「熟慮」と「スピード感」をバランスよく組み合わせられたからにほかなりません。

このように時間のかかる案件の場合は、立てた計画を改めて見直し、状況によっては修正することも必要です。決めたことに固執せず、決めては変えて、決めては変えてを柔軟に取り入れていくのです。

生真面目な部下の中には、一度こうと決めたらやり方を変えない頑なな人もいると思いますが、仕事は常に全体を見渡し、融通をきかせることも大事です。状況に応じて、柔軟性をもって仕事をするよう促していきましょう。

柔軟性ということで言えば、わからないことをいつまでも一人抱え込んで悶々と悩んだり、できそうもないものを意地になってやろうとするのもいいこととはいえません。必死に努力することは大事ですが、そのせいで作業が滞ってはいけません。

不安や心配なことがあるなら、周囲に相談し、アドバイスを求めてみる。自分一人ではできそうにないと思ったら、誰かの力を借りる。拙速、最短を実践するには「誰かを頼る」ことも時には必要です。

032

「真似」「模倣」からスタートさせる

前項で、拙速、最短を実践するには「誰かを頼ることも大事」という話をしました。必要に応じて、人からアドバイスをいただきましょうということですが、いただくのはアドバイスに限りません。誰かの仕事の仕方、あるいは他人が過去に残した仕事の資料を、「真似」「模倣」という形で有効活用させてもらうのもお勧めです。

たとえば、会議やプレゼン資料を作成する場合、一から自分で書き起こし、見栄えよくするために手間ひまかける必要はありません。過去のデータから似たものを探し、それを雛形にして必要な箇所を書き換えれば十分です。

若手社員ほど、自分で何もかもやろうとしがちなものですが、そんなことをしていたらいくら時間があって足りません。時間をかけて一生懸命やったわりには、出来上がりが今一つという残念なこともなきにしもあらずです。

それよりも、すでにある優れたものをもとにして、自分なりにアレンジを加えたほうが、よほど早く、いいものに仕上がります。素早く優れた資料を作成できれば、作成した部下の評価も上がります。

私がこのやり方を実践するようになったのは、65ページでお話しした関連会社の立て直しに関わった後です。傾きかけた会社の立て直しという激務を通して、「仕事を少しでも早く片付けるには、先人の真似をさせてもらうのが一番だ」と理解した私は、本社に戻った後、早速「真似すべきリスト作り」に取り掛かりました。

具体的に何をしたかというと、会社の書庫に籠もって、経営や開発の会議資料、さまざまな事業分析の結果などを重要度ごとに分け、ファイルリストを作成したのです。

このリストのおかげで、仕事がグングン捗りました。資料作りを命じられた上司から「こんな短時間で、よくここまでのものが作れたな」と驚かれたこともあります。優れた資料を残してくれた先輩方に感謝感謝ですね（笑）。

なお、真似や模倣は書類作成だけでなく、電話対応、プレゼン、会議での発言の仕方などについてもいえます。いい仕事をしようと思ったら、いい仕事をしている人を観察し、そのやり方を真似ていくのが一番の近道です。

プアなイノベーションより優れたイミテーション。自己流にこだわるより、人真似をベースに自分なりのやり方を模索するほうが賢明です。

033
「手抜き」を教える

仕事は、どんな仕事でも全力で向き合うのが基本です。

「大した仕事じゃないから手を抜こう」「そこそこで納品しても構わない」などと考えるのはご法度です。仕事の規模に関わりなく、仕事は常に一定のレベルであるべきです。

ただし、だからといって何もかも全力投球すればいいというものではありません。さして重要でもない作業に、エネルギーを費やすのは無意味です。仕事は最小投資で最大効果を求めるべく、「手抜き」を取り入れることが大事です。

たとえば、上司から「取引先訪問のため、会社概要が欲しい」と言われたら、会社概要のコピーや取引状況を示す資料があれば十分です。表紙をつけたり自分の文章を添えるなど、余計な手間ひまをかける必要はありません。

この場合、上司は先方に会う前に情報を仕入れておきたいだけ。だから丁寧に作り込まなくてもよし。完成度に関しては手を抜いてもいい、ということになるわけですね。

そもそも仕事というものは雑務の塊で、重要度が高いものはごくわずかです。そこまで手間ひまかけるべきものはあまりないということです。仕事は「事の軽重」を正しく見極めた上で、「軽いもの」は最小の手間で済ませ、その分を「重いもの」に振り向けていく意識が必須なのです。

しかし、この見極めが意外と難敵です。重要なものほど、見落としてしまうということがあります。私も入社２年目のとき、この見極めを怠り、大失敗をしてしまったことがあります。

私は当時生産管理の仕事をしていたのですが、ある品種の生産量を１・８ｔ（トン）と書くべきところを18ｔ（トン）と書き間違えたまま工場に指示書を送ってしまい、ほぼ２年分を生産してしまいました。まだ新人だった私は、次々指示される仕事に忙殺され、事の軽重を正しく見極める目を持てず、必要不可欠な確認を省いてしまったわけです。

今思い返しても大変手痛いミスでしたが、おかげで私は仕事の重要度というものを意識するようになりました。「省いていいもの」「絶対に省いてはいけないもの」をよくよく考えるようになりました。

仕事のパフォーマンスを上げる賢い「手抜き」をするためにも、事の軽重を正しく見極める目を養いたいものです。

034

「3分スピーチ」のすすめ

会議やプレゼンなど、部下が人前で流暢に話せるよう指導するのもマネージャーの役目です。話し上手になれば、自信がつき、成長もより一層後押しされるはずです。

では、話し上手になるにはどう指導したらいいか。

私のお勧めは、週に一度の「3分スピーチ」です。

東レ経営研究所にいた頃、毎週月曜日の朝礼で2人ずつ、1人につき3分のスピーチをやらせていました。テーマは自由です。仕事のことでもプライベートなことでも、好きなテーマを選ばせて、みんなの前で話をさせるのです。

最初のうちは、みなしどろもどろ。言いたいことをうまく言えず、時間内に収まらずダラダラ話してしまうことが多かったのですが、スピーチの要点を伝えて続けさせると、みな上手に、3分以内で話ができるようになっていきました。

その要点とは、以下の3つです。

①意見を論理的に言う

②できるだけ短い言葉で話す

③わかりやすくするよう具体例を入れる

意見を論理的に言うためには、理由や根拠を述べながら「だからこう考えています」と筋道立てて話すのが基本です。そこに反証を加え、意見を修正し、固めていく。これを繰り返せば、説得力ある意見の出来上がりです。

ただしせっかくの意見も、ダラダラ長いと聞いてもらえません。そこで余計な言葉を削ぎ落とし、できるだけ短くコンパクトにまとめる。さらにわかりやすく伝えるために、具体例を入れる。

これを紙に書き、３分以内に収まるよう調整し、実際に読んで話す練習をすれば、みな案外上手に意見を言えるようになっていくものです。

会議などで発言する際も、あらかじめ話す内容を紙に書き留めておくのがお勧めです。頭の中で整理されているつもりでも、いざ発言するとなると話が飛んだり、横道に逸れたりというのはよくあることです。

３分スピーチで論理的思考を養い、人前で話せる話力がつけば、度胸や自信もつき、交渉力やコミュニケーション力アップも期待できます。

035

「記録する」習慣をつけさせる

部下に何か教えたり指示を出したりする際は、必ずノートにメモを取らせる。仕事では普通のことですよね。

しかし、メモを取らせたにもかかわらず、どういうわけかミスをする。指示したことを指示通りにやっていない……そんなことも少なくないのではないでしょうか。

原因の一つは書き方です。雑に書く、適当に書く、その場で書かない。一度にたくさんのことを言われたために、抜けや漏れが出てしまうのはよくあることかもしれません。

でも、これはいうまでもなくミスにつながります。実際私も若い頃、メモを後回しにしたせいで、発注ミスや指示の出し忘れを連発してしまったことがあります。メモはわかりやすく、必ずその場で取ることが必須です。

最近はメモ代わりにスマホで撮影したり、メモアプリの利用も増えていますが、忘れないようにするにはやはり手書きがお勧めです。自分の手で書くと、書いた内容が自ずと頭に残ります。書くと覚える、ということですね。

これに気づいて以後、私は業務そのものだけでなく、失敗したこととその原因、注意されたこと、気づいたことなど、あらゆることを記録するようになりました。「これは大事だ」と思ったことは、どんどん書き留めるようにしました。

おかげで、記憶力が鍛えられました。覚えたことをもとに思考したり、判断したりする力も養われました。仕事で結果を出し、出世を叶えることができたのも、このメモの習慣があればこそと言っても過言ではありません。

一方メモは取るだけでなく、見返すことが必須です。メモを取らせてもミスをしてしまうもう一つの原因は、書いたものを確認しないからです。

「書くと覚える」と言いましたが、書いたものはさらに読み返すことで記憶に定着します。あるいは読み返しながら、書かれた内容を再考することで、メモしたときにはわからなかった意味や矛盾に気づくこともあります。

メモを見返すことは、自分の仕事ぶりをフォローアップすることにもつながります。過去の失敗を確認し、反省し、次の成果に活かすこともできます。

「書くと覚え、覚えると使い、使うと身につく」というサイクルを習慣化し、メモを有効活用させましょう。

036

「長いメール」「ムダなCc」は百害あって一利なし

ビジネスメールは、「正確さ」と「簡潔さ」が大切です。伝えるべきことを、わかりやすく、簡潔に書くことを徹底しましょう。

注意したいのは、冒頭の挨拶文。「お世話になっております」はいいとしても、「おはようございます」や「お元気ですか」は、伝える用件によっては省いたほうがいいこともあります。

こちらが午前中にメールを送ったとしても、送られた相手はそのメールを昼過ぎや夕方に読むかもしれません。相手の立場に立って考えたら、「おはようございます」は失礼に当たることもありますよね。

「お元気ですか」も同様です。「元気です、そちらは?」などと応じなければいけないような負担を感じさせてしまいます。そもそも近況を伝え合う内容なら、仕事ではなくプライベートなSNSでやりとりすればいいですよね。

また「お返事をお待ちしております」と書く場合は、「できれば○日までにお返事をいただけるようお願いします」など具体的な日時を入れるのがベスト。メールを書いたら不要な文言はないか、曖昧な表現はないか、読み返してから送信するよう促しましょう。

メールは、連絡事項の伝達や情報共有ツールとして大変便利ですが、手軽にやりとりができるだけに、ムダな情報を、必要としていない相手に送ってしまうというデメリットも生じがちです。

代表的なのがCcです。メールで何か連絡をするとき、「念のために」と、その作業とあまり関係のない人にまで送ってしまったりしていませんか。

もちろん間接的に知らせたほうがいいこともあるでしょうが、中には何のためにCcを入れるのか理解に苦しむこともあります。送り手なりの気遣いなのかもしれませんが、場合によっては人の貴重な時間を奪ってしまうこともあります。むやみに長いメールやムダなCcは控えるよう指導しましょう。

最近は、チャットアプリを活用することも増えています。挨拶文も結び文も不要で、用件のみをやりとりすればいいアプリは、メールソフトよりある意味便利ですが、こちらも過度なやりとりには要注意です。

メールもアプリも、「正確さ」と「簡潔さ」を念頭に置くようにしたいものです。

037

「一歩先の行動」を心がける

いい仕事をするには、何事も「一歩先の行動」を取ることが大切です。他人より一足先行く行動を心がけるということです。

50ページでお話しした「1時間早く出勤する」というのもその一例です。

早起きをすれば、朝余裕を持って出勤できます。朝ごはんをゆっくり食べ、きちんと身支度を整えて出かければ、仕事にも身が入ります。「さあやるぞ」という気持ちで仕事に向き合うことができます。

ギリギリの時間に起きて、あたふたと1日をスタートさせるのは、ウォーミングアップせずにいきなり長距離を走り出すようなもの。一歩先の行動で好調なスタートを切れば、自ずと仕事はスムーズに進むものです。

会議やミーティングも同様です。必ず10分前には着席し、資料に目を通し、気づいたことや考えたことを頭の中で整理しておく。可能であれば、議論に加わりやすい位置を選んで着席する。

「発言なんて私には無理」「参加するだけで精一杯」という部下もいるかもしれませんが、そう言わず話し合いには積極的にコミットするよう促しましょう。早めに来ていい位置に着席するだけで、「やる気があるな」と周囲から評価されるかもしれません。

取引先との打ち合わせについても、５分前、10分前には現場には到着するようにするのがお勧めです。そのほうが落ち着いて打ち合わせを始められますし、何よりギリギリの時間に着席して、「スミマセ～ン」などと頭を下げながら話し始めるより、相手の心象もよほど良くなりますよね。

ちなみに、私は部下とランチミーティングなどを行うときは、11時50分に会社を出るよう勧めていました。12時ジャストだとみな一斉に昼食に向かうため、店が混んでいてすぐに入れなかったり、別の店を探さなければならないこともあるからです。

このような時間は、言うまでもなくムダです。わずか10分程度のことかもしれませんが、ランチミーティングの10分は貴重です。話し合いも食事も、「あと10分ある」というのは心の余裕が違います。

どれも些細なものに思えますが、この「些細な一歩先」の積み重ねが、優れたアイディアや発想を生んでいくのです。

038

仕事相手は「決めつけて」かかる

仕事をスムーズに進めるには、取引先や顧客についてよく知ることが必要です。どんな性格で、どんな考え方の持ち主なのか、人物像をなるべく正確に把握できれば、何を求めているか、どう対応すべきかがわかり、仕事の戦略も練りやすくなります。

では、どうすればより正確に人物像を掴めるのか。

お勧めは、初対面で相手を「決めつける」こと。いただいた名刺に、日付とともにそのときに感じた第一印象を書き込むのです。

たとえば「ハキハキ話す、やり手な感じ」「口数は少ないけれど親切」「初対面でもフレンドリー、社交的」など。

もちろん決めつけて終わり、ではありません。次に会ったときに別の印象を感じたら、さらにそれを書き加え、修正します。その人を知っている別の人から「こういう人だよ」と教えてもらったら、それもまた書き加えます。

たとえば「ハキハキしてやり手→＋気分屋で、指示が雑」「口数少なく親切→＋仲良くなるとよく話す、意外と頼りになる」「フレンドリーで社交的→＋マイペース、能力は高いが敵が多いらしい」などといった具合です。

このようにいったん決めつけて修正していくと、相手の情報が多面的に蓄積され、「この人とうまくやるにはこうすればいい」など相手についての仮説を立てやすくなります。「人を決めつけてかかる」というのは穏やかではありませんが、ただ何となく会っていても実像に迫ることはできません。相手の性格や考え方を浮き彫りにするには、最初に思い切ってこうと決めつけ、後から修正を加えていくほうがいいのです。

ちなみに、こうした人物像の把握は、社内の人にも有効です。

私は東レにいた頃、自分と少しでも関係のある部署の人については、入社年度や出身地、出身大学、担当実務や仕事の能力などを手帳にメモしていました。仕事で何かあったとき、力を借りたり相談したりするためです。

ビジネスの基本は、人的資源。こうした情報や人脈のあるなしが、仕事の結果に影響を及ぼすことは言うまでもありません。

表面的にわかった気にならず、相手を観察し、大枠を的確に摑む。そんな人物把握のスキルを、部下にも共有していきましょう。

039

整理整頓を徹底させる

「仕事上手」は「整理上手」です。

仕事をやりやすく迅速に行うには、整理整頓が欠かせません。資料を探す時間のロスを最小限にし、探しているものが見つからず結局一からやり直すといった愚を犯さないためにも、整理整頓主義をチーム内で徹底させましょう。

前にも言いましたが、仕事は雑務の塊です。放っておけば、日々不要な資料がたまります。常に整理しておく心づもりをしておかないと、資料や必要書類探しに追われ、仕事が滞りかねません。

「毎日やることが多くて、整理したくともする時間がない」とぼやく部下もいるかもしれませんが、整理は本来時間のかかるものでも、むずかしいものでもありません。端的に言うと、とにかく「捨てて」いけばいいのです。

いきなり捨てるのが怖い場合は、段ボールなどを用意し、いったんそこに入れます。1か月程度様子を見て必要なければ、捨てても構わないということになります。「これは絶対にいらないだろう」というものから順次処分すればいいですよね。

どうしても残しておきたい手書き・紙媒体の資料は、スキャンしてパソコン内に格納し、紙の書類が山と積まれないよう工夫しましょう。

もちろんパソコン内のデータ整理も大切です。

パソコンの整理で重要なのは、ファイルやデータのネーミングです。

たとえば「事業構造分析」などとつけるのは、やや曖昧です。同じようなタイトルのものとごっちゃになってしまうかもしれません。

それを避けるには「20230129○○の構造分析」など、個別具体的なタイトルを付けるのがお勧めです。頭に日付を入れれば、自動的に時系列で整理され、どれが新しいかも一目でわかります。使用頻度に応じてタイトル頭に「01○○○」「02△△△」と番号をふれば、使用頻度の高いものが上に表示され、より使いやすくなりますよね。

データは自分だけでなくチーム内で共有するものという前提で、誰もがわかる、使いやすいネーミングを心がけましょう。

なお、当然ながらパソコンも格納には限界があります。不要なデータはできるだけ捨てて、サクサク作業できる環境を心がけましょう。

040

海外留学・海外勤務を勧めてみる

大手商社やメガバンクの多くは、社費留学制度があります。どこも競争率が高いのが特徴ですが、自己負担がほとんどなく、キャリアに箔をつけられるというメリットがあります。ＭＢＡを取得したい、海外の大学院で専門知識や技術を習得したいという部下には勧めてみるのも一案です。

ただし社費留学の多くは、留学後２、３年継続して勤務することが求められます。留学後すぐに辞めてしまうと、違約金が発生することもあります。

また、習得した知識や資格が必ずしも現実の業務に活かせるとは限りません。自分の成長に役立つかどうかもケースバイケースです。部下に制度を勧める場合は、制度の詳細や先々のことなどについて、じっくり話し合うことが必要になるでしょう。

海外勤務に関しては、会社や行先の国にもよりますが、概ね収入が上がり、手当も出ます。もちろん言語力がアップすることも期待できます。

また言語や習慣、価値観の異なる国での勤務は、困難も多い半面、マネジメントに必要な判断力が飛躍的に向上します。グローバルな視野や感覚が身につき、日本では得られない人脈も得られます。

残念ながら私の場合、その機会はありませんでしたが、本人にその気があるなら、海外勤務を積極的に勧めてもいいでしょう。

私もかつて、部下に海外勤務を命じたことがあります。

その部下は課長代理を長く務めた人物で、「この人がいなければ課が回らない」と噂されるほど有能でした。私の目から見ても、確かに専門知識は豊富で仕切りも抜群で、文句のつけどころがありません。そこで私は、彼を海外に異動させることにしました。彼の成長にとって、それが一番だと判断したのです。

彼は海外勤務を積極的に望んでいなかったため、当初は躊躇していましたが、行ってみれば大変な活躍ぶりで、期待通りの働きをしてくれました。権限も与えられ、給料もアップし、結果海外勤務は彼のキャリアにはプラスに働いたようです。

その部下の海外勤務に関しては「あんな有能な人材を海外に出すなんて」と批判的な意見もありましたが、それは部下を「都合よく使いたい」という発想にほかなりません。「部下の成長につながるかどうか」を第一に判断していくことが大事です。

第4章　チーム力を向上させる

041

チームは「家族」と考える

私は自分のチームのメンバーを、家族だと思って接するようにしてきました。

仕事以外のことでも、悩みがあれば親身になって聞く。困ったことがあれば、可能な範囲で手を差し伸べる。勘違いや心得違いがあれば、時間をかけてたしなめる。会社の仲間に対し、兄弟や親子のような気持ちで接してきたと言っても過言ではありません。

こういうと、驚く人もいるかもしれません。仕事とプライベートは分けて考えるもの。仕事に家族的な感情を持ち込むなんて、なんだかうっとうしい……メンバーを家族だと考えることに対して、否定的な意見をお持ちの方もいるでしょう。

でも、チームのメンバーとはほぼ毎日、朝から夕方までともに過ごします。昨今はリモートワークも増えていますが、同じミッション、同じ時間を共有していることに変わりはありません。そういう相手に「情を持たない」「仕事だけの関係だと割り切る」のは、人としてむずかしいことではないでしょうか。

そもそも互いを思いやる家族的な信頼感が高まれば、チームの結びつきは強まります。

励まし合い助け合って働けば、やる気も高まり、スキルもアップします。チームを盤石にするには、クールな関係より思いやりのある温かい関係でいたほうがいいのです。

心理学者のアドラーは、人が生きていくためには「共同体感覚」が必要だと説いています。「他者を仲間と見なし、そこに自分の居場所があると感じられること」が、生きていく上では不可欠だということです。

これは仕事に関しても言えるはずです。社内やチーム内での人間関係を「競争」や「戦い」で捉えてしまうと、敵対心が生まれ、不安が生じ、働きづらさにつながります。チームで不可欠な連帯感が損なわれ、結果を出すことも遠のいてしまいます。

そうならないためには、メンバーどうしが家族のように、思いやりの心を持って接し合うのが一番なのです。

もちろんチーム内には、性格の合わない者どうしもいるでしょう。「あんな人、家族だなんて思えない」と反発する部下もいるかもしれません。そういう場合は、そりが合わない相手を「仲の悪い兄弟」、手のかかる仲間を「世間知らずの従兄」くらいの感覚で見てはどうかと勧めてみましょう。

苦手意識が薄れ、わずかながら親近感も湧くのではないでしょうか。

042
チームは「戦闘集団」

「チームは家族だ」と言いましたが、これは「馴れ合い」や「甘え」を許してもいいという意味ではありません。

「家族だから」と情をかけたり、なあなあで済ませてしまってはいけないこともあります。改めるべき点がある場合は、厳しい態度で対応しなければなりません。

以前、ある会社のチームマネージャーから、こんな相談を受けたことがあります。

部下が大きなミスをしてしまった、それも、会社に対して百万単位の損失を与えるミスで、その部下が同じようなミスを繰り返しての結果だと言います。

でも当人はがんばっているし、ミスを責めるのも忍びない。チームでの仕事なのだから、一人の責任として追求するのも気が引ける。そう思って、これまではチームの責任として処理してきたが、上から原因を明らかにするよう言われている。こういう場合、どうしたらいいだろうかというのです。

私からすると、これは甘やかしです。「がんばっているから」「一人のせいにせず、チームで責任を負う」というと聞こえはいいですが、それは不要な温情です。

当人の度重なるミスが原因だと判明している以上、事の重大さを当人に知らしめる具体的なペナルティを与えるべきです。私なら、二度と同じミスをしないよう対策を講じた上で、ボーナスを大幅にカットします。こうやって重大なミスの怖さを叩き込むことが、長期的に部下の成長につながるからです。

チームが仲良くなると、厳しくものを言ったり、ネガティブな指摘をしにくくなることもあります。和気あいあいとした雰囲気を壊したくない、上司として部下を守ってやりたいという気持ちも生まれるでしょう。

でも、それは部下を守る意味も、チームの意味も履き違えています。

チームは度重なるミスを犯した部下を庇うためにあるのではなく、結果を出すために存在する戦闘集団だということを忘れてはいけません。部下の成長を願うなら、時に厳しい判断を下すことも必要なのです。

もちろん、このような例はないにこしたことはありません。そのためには、前もってミスを防ぐ工夫をマネージャーが考えていくことが必須です。それが本当の意味での「部下を守る」ということです。

043

時には「背面の恐怖」で指導する

マネージャーの中には、部下が言うことを聞かず、メンタルをやられてしまう人もいると聞きます。

アグレッシブで弁が立ち、思ったことはガンガン自己主張する。上の意向など意に介さず、自分の意見を押し通そうとする。ある意味頼もしいと言えなくもありませんが、こういう部下に怯んではいけません。勢いに負けて、指示を曲げる必要もありません。

もちろん「なるほど、その通りだ」と思ったことなら再考しても構いませんが、そうでないなら、説得して指示に従わせるべきです。上司の指示というものは、たとえどんな内容であろうと、いったんは引き受けるべきものだからです。

本当にできる部下なら、自己主張だけでなく、謙虚に客観的に物事を見る姿勢もあるものですが、中には仕事ができる＝意見をゴリ押しすることだと勘違いしている人がいます。

誠心誠意言って聞かせても聞く耳持たず、態度を改めない人もいます。与えられた部下は、諦めずに指導し、教育し、戦力化するのが基本ですが、こういう人材は他部署への異動も考えるべきです。能力が高かろうとそうでなかろうと、命令に従わない部下は切って捨てる覚悟も持ちましょう。

「平成の鬼平」と呼ばれた弁護士の中坊公平氏は「人を動かすのは正面の理、側面の情、背面の恐怖」だと言いました。まずは「理」で説得し、時々「情」でサポートし、それでも相手が従わないなら、「恐怖」で従わせざるを得ないということです。

実際に私も、「背面の恐怖」を実行したことがあります。仕事はそこそこできる部下でしたが、人を見下すようなところがあり、チームメンバーにもお客様にも、しばしば非常識な対応をしていました。

私は問題点を指摘し、幾度も改めるよう指導しましたが、どうにも行動を変えません。そこで「人を回してほしい」と打診してきた部署へ、その部下を移すことを決めました。誰の目から見ても明らかな左遷人事でした。

おかげで一時部下の間で「佐々木は怖い」という噂が立ったようですが、私は部下を切って捨てるなんて滅多にしません。どんな部下だろうと、全力で面倒を見ます。

しかし、何をやっても優しく許していては、仕事を舐めてかかるようになってしまいます。それはチームにとっても当人にとっても、百害あって一利なしです。

044

「事実の把握」を徹底する

チームを回していくにあたって、徹底していただきたいことがあります。「事実は何かを正しく知るようにする」ということです。

何か仕事をするときは、小さな仕事であっても、事実が何かを確認する。これを行動の起点とするよう心がける。事実ではない単なる思い込みは、判断ミスやムダを生み、チーム全体に負担をかけてしまいかねないからです。

たとえば、部下のAさんが売上集計表をチェックしたところ、Aさんが担当していた商品の売り上げが急速に伸びていたとします。「よし！」と思ったAさんが、チームに働きかけ、その商品の売り場面積を拡大する企画を考案し、先方に提案したとします。

ところが、売り場担当者から「スミマセン、あの集計結果はこちらのミスでした。したがってこの企画書を現時点で受け取ることはできません」との返事が。

ガーン！　Aさんにとってもチームにとっても、大変なショックです。「企画書を作成した時間と手間を返してくれ～」と言いたくなるでしょうが、こういうミスは案外少なくありません。売上集計を見た段階で、「これ、本当なの？」といったん疑ってかかり、確認をすべきだったということですね。

このように、事実にはさまざまな「事実」があります。

たとえば、Ａさんの例のような誰かからの「報告された事実」、上辺にはそう見える「表面的な事実」、仮にこうだとしたらという「仮定的事実」、こうだったらいいなという「希望的事実」などなど。

いずれも「中途半端な事実」で、行動の起点としてはならない「思い込みの事実」ですが、みな案外こういうものを「確かな事実」として物事を決めようとします。「本当かどうか」の確認をしないまま進めてしまいます。

これがミスやムダを生み、メンバーへの負担増につながることは言うまでもありません。仕事はその都度確認し、間違いのない事実かどうかを常に把握するよう促しましょう。

日常的な業務に関しても、事実の確認は重要です。指示通りにやっているつもりでも、誤った方向に進めてしまっている可能性がないとは言えません。

それを防ぐには、仕事の途中で確認し、見当違いのことをしていないかどうかチェックする。チーム内で「事実の把握」を習慣化していくことが大事です。

045
「ナンバーツー」の人選に要注意

前項で「事実の把握」が重要だという話をしました。これはマネージャーに当てはめていうと、「現実の把握」が重要だということです。

よく「リーダーにとって一番必要なものは決断力だ」と言われますが、私に言わせれば、一番に求められるのは「現実把握力」です。そもそも現実を正しく掴んでいなければ、正しい決断を下すことはできません。

「今、現場で何が起きているか」「チームの問題点は何か」など、現実を的確に把握することが、問題を解決し、結果を出すことにつながっていくのです。

私がかつて仕えた東レの故・前田勝之助名誉会長も、圧倒的な現実把握力の持ち主でした。前田氏は常に「現実はどうか、事実はどうか」を徹底して掘り下げ、決断というより、正しい判断を積み重ねる人でした。

同じく東レの社長だった榊原定征氏も、現実の把握を徹底していました。毎年のように国内外の工場を視察し、現場で起きている細かなことまで把握していたからこそ、大局的に正しい判断ができ、業績を上げることができたわけです。

ただ、マネージャーがすべての現場に足を運び、自分の目で見て確かめるのは、現実的には困難です。組織やチームの規模にもよりますが、どうしても目が行き届かないところが出てきてしまうものです。

そこで重要になるのが、部下からの「早く、正しい報告」です。キーとなるのが、ナンバーツー。正しい報告を上げてくれるナンバーツーの存在が、現実把握力を高めるには不可欠だと言っても過言ではありません。

私がナンバーツーに選んでいたのは、「嘘をつかず、事実をそのまま伝えてくれる人」です。多少仕事が遅くとも、現場のことを正確に報告してくれるかどうかを重視し、チームのサブリーダーに任命していました。

仕事のできる部下は、頭の回転が速い分、報告の中に主観や偏見が入ることも少なくないものです。仕事が早いのも気が利くのも、決して悪いことではありませんが、正しい判断をする上では、それが仇となる可能性も否めません。

チームを円滑に回していくためにも、「正確な事実を上げてくれる人物」をナンバーツーに選び、現実把握力を高めていきましょう。

046

上司も部下も「さん付け」で呼ぶ

みなさんは部下と話をするとき、相手をどう呼んでいますか？

女性なら「○○さん」、男性なら「○○君」、親しみを込めて「○○ちゃん」、あるいはニックネームで呼んでいる場合もあるかもしれませんね。

私のお勧めは、全員「さん付け」です。男性も女性も、部下も後輩も、です。

相手が年下の場合、「君付け」で呼んだり、呼び捨てにすることも多いと思いますが、私からすれば、呼び捨てはもってのほか。「君」が悪いとは言いませんが、やはり「さん」がベターです。上司が部下を「さん付け」で呼ぶことは、「リスペクトされている」「仕事仲間として対等に見てもらえている」という印象を与えることができるからです。

たとえば、「○○君、どう思う？」と尋ねられるのと、「○○さん、どう思う？」とを、比べてみてください。

前者がどこか「意見を言ってみなさい」と命令されているような印象を受けるのに対し、後者だと命令ではなく、対等の立場で意見を求められているように響きませんか？

対等に扱われていると思うと、部下は課題に対して主体的に考え、自分なりに答えを出そうとするものです。誰かだけを呼び捨てにしたり特別な呼び名で呼んだりせず、一律「さん付け」にすれば、みな平等に扱われているという一体感を持つこともできます。

「さん」か「君」かなどどうでもいいことに思えますが、部下にやる気を起こさせたいなら、呼び方一つにも注意を払いましょう。

ちなみに、私は上司も基本的に「さん付け」で呼んでいました。「上司も部下も対等だ」という意識でいたほうが、上司におもねることなく、一ビジネスマンとして緊張感を持って仕事ができると考えていたからです。

こうした呼び名に関しては、会社の風土もあるでしょう。軍隊のように上下を重んじ、部下は呼び捨てが当たり前というところもあるかもしれませんが、仕事の効率を考えるなら、「さん付け」で対等な意識を促すのが一番ではないでしょうか。

もっとも、昨日までは「○○君」「おーい、○○」と親しみを込めて呼んでいたものを、突然「○○さん」と呼んだら冷たい印象になります。「あれ？　怒ってる？」「急によそよそしくなったな」と感じさせてしまうこともあるかもしれません。そこはみなさんなりに、うまく工夫して取り入れていただきたいところです。

047

年下の部下こそリスペクトする

部下を「さん付け」で呼ぶことは、上司であるみなさん自身にも、対等の意識を促します。これは無用なプライドや上下意識を断つことにもつながります。

組織で働いていると、どうしても上下関係を気にしがちになります。「上司である自分のほうが偉い」という優越感が生まれ、部下の意見や考えに柔軟に耳を傾けることができなくなってしまうことも考えられます。

「自分が上、部下が下」「上司に意見するなんて生意気だ」などという上下意識やプライドは、百害あって一利なし。結果を出せるチームになるには、年齢や経験で判断せず、「むしろ年下こそリスペクトする」くらいの気持ちでいることが大事です。

考えてみてください。「若いからダメ」「経験がないからできない」とは必ずしも言えませんよね？　年下でも優れたアイディアを出せる人はいますし、経験がないからこそ新しい発想が生まれるという場合もたくさんありますよね？

前にもお話ししましたが、私が営業部で課長となり短期間で結果を出せたのは、未経験ゆえに部下に教えを乞うことができたからです。「部下であっても、その人が担当する分野についてては、自分ではかなわないアドバンテージがある」と考えていたからです。

年下でも敬意を払い、丁寧に、謙虚に対応する。それが正しい判断をもたらし、チーム全体の活力を上げていくのです。

近年日本企業の多くは、従来の年功序列型から、実力本位の人事制度へと舵を切りつつあります。年齢に関わりなく、能力で職責が決まる社会に、互いを尊重し合う関係性が求められる時代になりつつあるということです。

ナンシー・マイヤーズ監督の『マイ・インターン』という映画があります。

かつて管理職まで務めた70代の男性が、若い人ばかりが働くファッションサイトの会社に再就職し、40歳も年下の女性社長のもとで働くことになる。男性は経歴や経験をひけらかすこともせず、女性社長にひたすら謙虚に尽くし、若手社員からの相談にも真摯に向き合い、新たな職場でさまざまなことを学んでいく。はじめは親子ほども歳の離れた男性にイラついていた女性社長も、次第に心を開いていく……。

互いの関係を上下ではなく、尊敬の念を持って対等に向き合い働くことの大切さを教えてくれる、大変参考になる作品です。

048

「長い会議」より「こまめなミーティング」

管理職になると、参加しなければならない会議が増えます。自分のチームや部署の会議をはじめ、関係各所との連絡会、上への報告会などなど……。回数だけでなく、時間を長く取られるのも会議のデメリットですよね。

私も東レの経営企画室にいた頃、経営会議やら常務会やら、非常にたくさんの、しかも長い会議に出席させられました。午後1時からスタートして、深夜に及ぶようなものさえありました。

現在は働き方改革などの影響もあり、会議の回数も長さも検討し直されている向きがあるかもしれませんが、それでもまだまだ、長い会議を当然のように行っている会社は少なくないでしょう。「議論すればするほどいい」という考え方は、そう簡単にはなくならないのかもしれませんね。

しかし、長く議論したからといって、必ずしも良い結論が得られるとは限りません。問題点や解決策を見つけるには、それなりの時間がかかるものですが、メンバーが疲弊するような会議は決して効率がいいとは言えません。

情報の共有やコミュニケーションの促進など、会議に一定の効用があるのは確かですが、意味のない会議や異常に時間のかかる会議は、考え直すにこしたことはありません。

私の場合、自分の主宰する会議では、事前に簡潔にまとめられた資料を配布することを義務付け、会議はそれを読んできたことを前提に、すぐに議論を始めるよう促しました。その結果、会議の時間を大幅に削ることができました。

一方、会議数や会議時間を減らした代わりに、少人数でのミーティングをこまめに実行するよう心がけました。チーム内で疑問や問題が生じたら、関係する数人をさっと集め、確認したり協議したりするようにしたのです。

このミーティングにかかる時間は、30分前後。短いと10分で終わることもありましたが、この短くこまめな話し合いが大変うまく機能しました。問題について話し合っているうちに、考えが深まったり別の意見が出るなど、対応策の質がグンと高まったのです。

長くて無意味な会議には賛成しかねますが、みんなで集まり、知恵を出し合う時間が必要であることは間違いありません。ムダのない、チームが活性化する効率のよい会議やミーティングを考えていきましょう。

049

「その○○は本当に必要か?」を考えさせる

チームの力を高めていくには、一人一人にかかるムダな負担を少しでも減らすに限ります。そのためには、会議にしても資料作成にしても、「これって、本当に必要だろうか」と、立ち止まって考えてみる習慣をつけることを部下に促すことが大事です。

出張や取引先との打ち合わせについても、「この打ち合わせは本当に必要か」「会って話さなくても電話やメールで済むのではないか」と慎重に考えてみる。出張や打ち合わせなどは、思う以上に時間を取られる作業だからです。

私は営業課に配属になったとき、当たり前のように長年行われてきた出張をなくし、電話での報告に切り替えたことがあります。

それまでは月一で、二泊三日で出張に出かけていたようでしたが、出張レポートを確認したところ、わざわざ泊まりがけで出向くほどの内容ではありません。そこで出張をやめさせ、代わりに毎週決めた曜日に電話をし、要望を伝え合うやり方に変えたのです。

すると、たびたび連絡を取り合うようになったことでコミュニケーションが円滑になり、先方から「やりとりが細やかで助かる」と感謝されました。こちらも出張経費が削減でき、おまけに営業マンを他部署に回すこともできました。

むろん直接会って話さなければならない、足を運んで現場を見なければならないような場合は別ですが、その必要性がないなら、やはり費やす時間は最小限に抑えるのがベストです。そのほうが双方にとって時間を有効に使うことになりますよね。

今は遠方まで出張せず、オンラインで打ち合わせするケースも増えています。経費が削減でき、国内外問わず顔を合わせて話ができるのはありがたいことですが、手軽さゆえに、不要な打ち合わせやミーティングが増えているとも聞きます。オンラインであろうとオフラインであろうと、不要かどうかを考える習慣は忘れずにいたいものですね。

なお、私の場合「（余計な集まりに）出ない」「（会う必要のないときには）会わない」「（読む必要のない書類は）読まない」を徹底していました。社内で流れてくるリポートなどの書類の50％は読まなくてもいいと考えていました。

もちろんこれは少し極端な例ですが、時間を効率的に使うには、ともかく「不要なもの」を徹底して取り除いていくこと。「その〇〇は本当に必要か？」と振り返る意識を、チーム内で習慣づけていきましょう。

050

「言葉による情報共有」を徹底する

部下が思うように動いてくれない、チーム内の連携がよろしくない……そんなときは、コミュニケーションがうまくいっているかどうか、振り返ってみる必要があります。

仕事というものは、大別すると「業務処理」と「情報処理」に分けられます。業務処理は自分一人で行う仕事で、情報処理はチームで行う仕事です。仕事の内容にもよりますが、私の考えでは、業務処理と情報処理の比率は約４：６。仕事は一人でやるより、チームでやる作業のほうが多いということですね。

ところが、日本人はどうもチームでやりとりするということが不得手です。お互いに言葉で確認し合うということを怠りがちです。

チームで仕事をするときは「何のために」「いつまでに」「どの程度まで」「誰と誰がやるか」ということをメンバー間でしっかり共有しておかなければならないのですが、多くの場合、この共有が不十分なまま仕事を進めています。

仕事のスタート時や途中途中で、すり合わせや意識合わせを行わず、何となく「こういうことだろう」といった思い込みで動いてしまうわけですが、これはいうまでもなく生産性を下げます。チーム内がギクシャクする原因にもなりますよね。

日本人は「阿吽の呼吸」や「以心伝心」を重視し、「言葉で伝えるより空気を読む」というコミュニケーションスタイルをとりがちですが、これはビジネスにおいては百害あって一利なしです。ミスや進捗の遅れを防ぐためにも、「言葉による情報共有」を徹底していきましょう。

チームの生産性を上げるには、主に次の二つに配慮するのがお勧めです。

①自分の考え方、プロジェクトの方向性、必要なデータなど、仕事の指示は明確な言葉で伝える。内容の正確性を期すには文書で渡すのがベター

②メンバーの中にはわからないことがあっても黙って進めようとする人もいるので、やり方に疑問や不満はないか、尋ねた上で仕事に取り掛かる

部下の中には「こんなことを聞いていいのだろうか」「細かいことを尋ねたら煙たがられる」などと考え、確認や質問をためらう人もいるかもしれませんが、慎重に、念入りに確認するのは悪いことではありません。密なコミュニケーションの重要性を、メンバー間にしっかり根付かせていきましょう。

051

「修羅場」が部下を伸ばす

チームワークを円滑に行うには、揉め事は最小限に止めるのが理想です。ムダなぶつかり合いや回り道、身を削るような作業は、しないにこしたことはありません。

でも、仕事は常に効率よく、スマートに進むものとは限りません。考えもしなかった困難にぶつかり、どうしたらいいかわからない状況に追い込まれることも多々あります。人に尋ねても答えは出ない。自分で何とかするしかない。「もう心が折れそうだ」というしんどい思いを余儀なくされる部下もいることでしょう。

しかし、こうした容易に答えの出ない課題こそが、部下を飛躍的に成長させます。「自分の頭でとことん考え抜くしかない」という経験が、ビジネスマンとしての成長には不可欠と言っても過言ではありません。

65ページで、倒産しかけた会社の再建のため出向社員として送り込まれたという話をしましたが、私にとってはこれがまさにそうでした。

土日もなく連日連夜働き、原因不明の熱を出して倒れ、快復するとまた激務に向かい、再び倒れて熱を出し……の繰り返し。これまでに例を見ない大型の倒産で、「こうすればいい」という答えやアドバイスを誰も出せない中での作業だったからです。

思いついたことは何でもやり、失敗をしては立て直し、立て直してはまたやり直す。当たって砕けるしかない状況は、骨身を削る修羅場そのものでした。

でもこの修羅場のおかげで、私はグンと成長しました。仕事で試行錯誤する面白みを知り、困難を乗り越えて大きな目標を達成する醍醐味も体験できました。

問題に真正面から向き合い、自分の頭で考えに考え抜いたことで、仕事に対して主体的に、全力投球で取り組んでいくということを体で覚えたわけです。

仕事というものは本来、一人一人が主体的に、自立的に行うべきものです。上司の指示に従い、チームで連携し合って進めていくこともちろん大事ですが、常に誰かからの指示を待ち、一人では何も決められないようでは一人前とは言えません。

結果を出せる強いチームになるには、一人一人が頭を使って考え、行動できるようになることが不可欠です。そのためには、いちいち手取り足取りではなく、自ら考え取り組めるよう促していく。部下を成長に導き、チームを活性化させるには、時には「修羅場」も大事なのです。

052

部下に任せる、権限を与える

部下が自ら主体的に考え、仕事に取り組んでいくには、時に「部下の力量を超える」仕事を任せていくことも必要です。

私も課長だったとき、部下にどんどん仕事を任せました。少しハードルの高い案件をあえて与えたりもしました。要領よくこなす部下もいましたが、中にはミスを繰り返し、厳しい口調で注意を与えなければならない部下もいました。

でも、たいていの部下は失敗と振り返りを経て、任せた仕事をこなしていくようになります。「やればできる」という自信を得て、想像以上の実力を発揮するようになり、責任ある仕事を任せられるようになった部下もいます。

もちろん、到底できそうもない仕事を任せるようなことはしませんが、失敗を恐れていつまでも同じようなレベルの仕事をさせていたのでは、部下の成長もチームの活性化も促されません。

チーム力を向上するには、当人の実力をよく見定めた上で、思い切ってそれを上回る作業をさせていくことが不可欠なのです。

特にマネージャークラスが期待できる部下に対しては、実質的判断を任せてもいいでしょう。マネージャーとしての決済権限を与えてみる、ということですね。

権限を委譲することほど、部下を成長させることはありません。大きな権限を与えられた自負心と、自分の判断がチームを左右するという緊張感。これが成長のための原動力になっていきます。

このようにして一人一人が成長すると、自ずとチーム全体が成長します。全員が主体的に、やるべき仕事に向き合い、責任を持ってまっとうしようとします。このような態勢になって初めて、大きな目標を達成することができるのです。

もちろん仕事を任せる、権限を与えるといっても、任せきりにしていいわけではありません。監督者として部下の仕事をチェックし、必要とあらば指導し、問題が生じた場合は管理責任者として頭を下げる覚悟も必要です。

中には「部下に大事な判断を任せるなんて」と否定的な意見を言う人もいるかもしれませんが、権限を与えて成長を促すのは、マネージャーであれば当然の試みです。「部下に任せる、権限を与える」ことを、積極的に遂行していきましょう。

第5章　チームの成果を上げる

053
褒めるが8、叱るが2

チームの成果を上げていくには、部下のやる気を高める必要があります。

そのためには、やはりなんといっても「褒める」ことです。ただなんとなく「いいね」と褒めるのではなく、やる気が出るよう意識して褒めることが大事です。

人は褒められると、自己肯定感が高まり、やる気を出します。相手のことを好意的に捉えるようになり、信頼感も高まります。

実際「この短期間でよくできたな！」「あなただからできたんだよ！」などと褒めると、部下はさらにやる気を見せ、それは奮闘してくれたものです。「やった！　褒められた！」と思うと、人はグングン伸びていくといって間違いありません。

ただし、褒めてばかりいると調子に乗ったり、実力を過信する部下がいるのも確かです。「自分はできる」と勘違いし、失敗を言い訳したり、人に迷惑をかけて平気な顔をしているようなら、ピシャリと叱る、厳しく言って聞かせるということも必要です。

「厳しいことを言うと辞めてしまう」「パワハラだと騒がれるのではないか」との懸念も

あるかもしれませんが、ミスを指摘し、二度としないよう言って聞かせるのは上司として当たり前のこと。大声で怒鳴ったりせず、落ち着いて毅然と伝えれば、納得し、反省を促すことができるはずです。

もっとも叱るというのは、叱るほうも疲れます。ちょっとしたことをいちいち注意するのも、互いにしんどいものです。まあ小さなことは大目に見て、「褒めるが8、叱るが2」くらいで考えておくのがちょうどいいのではないでしょうか。

叱る・褒めるは、相手にもよります。生真面目で繊細な部下の場合は優しく伝えたほうがいいですし、調子に乗りやすく懲りずにポカを繰り返すような部下の場合は、厳しい口調で接したほうがいいでしょう。中には「どの部下も同等に扱うべきだ」と言う人もいますが、これに関しては人それぞれ。えこひいきにならない範囲で、部下の性格によって対応を変えるのがお勧めです。

「褒める」と「叱る」は一見正反対に見えますが、「部下を成長させるため」「チームの力を引き出すため」という目的はどちらも同じです。

褒めるにしても叱るにしても、大切なのは上辺ではなく、心から本気で向き合うこと。上司の本気度が伝わる褒め方、叱り方を実践していきましょう。

054

叱りっぱなしにしない

私はどちらかというと、部下の欠点より長所を見て、いいところを積極的に褒めるよう心がけていましたが、決して甘い顔ばかりしていたわけではありません。

部下が同じ失敗を繰り返したり、単純なミスをしたり、内容の薄い企画書を提出したりしたときなどは、容赦なく叱りつけました。

もちろん罵声を浴びせたり、理由も言わずに叱り飛ばすような真似はしませんでしたが、有無を言わさない態度で、毅然と叱責するようにしていました。中途半端な叱り方は、部下の成長につながらないからです。

叱られた部下の反応はさまざまです。叱られて素直に反省し改めようとする者、欠点に気づき挽回しようとする者もいますが、中にはいつまでも落ち込んでいる者もいます。叱られたことに納得がいかず、憤然としている者もいます。

本来なら自らの落ち度に気づき、「何くそ」とやる気を起こしてもらいたいものですが、人間はひとたび気落ちすると、立て直すのがむずかしいこともあります。やる気をなくしたままでは、チームのパフォーマンスが落ちてしまいかねません。

そこで部下が凹んでいたり、腑に落ちていない様子を見せた場合は、こちらから声をかけ、「なぜ立ち直れないのか」「どうして納得できないのか」と訊いてみます。相手の言い分を黙ってよく聞いた上で、なぜ叱ったのかを丁寧に説明します。

するとたいていの部下は、叱られたことについてもう一度考え、どこが悪かったかを理解してくれます。言われたことに納得し、いつまでもふてくされているようなこともなくなります。

このように、叱った後は叱りっぱなしにせず、感情的なしこりを残さないようフォローすることが大事です。叱って、フォローしたことで、互いに対する理解や信頼が前よりも深まる、というのが理想ですね。

部下によっては、フォローせず「なぜ叱られたのか」を自分で考えさせてもいいでしょう。メンタルが強い部下なら、フォローするより自力で考え抜かせたほうが、やる気を出すこともあります。

いずれにしろ、叱るのは「成長してほしい」「期待している」という願いの表れです。そこが伝わるよう、叱ったあとは適切な見守りやフォローを心がけたいものです。

055

「信頼残高」を増やしておく

同じ叱るのでも、厳しく叱って嫌われてしまう上司と、嫌われない上司とがいます。この違いはどこにあるのでしょうか。

一番の違いは、「信頼口座」にどのくらい残高があるか、です。

信頼口座は、銀行口座と同じです。銀行口座にお金を預けると、残高はプラスになり、引き出せばマイナスになります。貯めずにどんどん引き出して使ってしまえば、やがて底をつき、何も買えなくなってしまいますね。

信頼もお金同様、「預け入れ」もあれば「引き出し」もあります。常日頃から預け入れを心がけ、残高を十分にしていれば、多少ぶつかったり厳しく叱ったりしても、部下との関係にひびが入ることはありません。私は時に厳しく部下を叱責しましたが、それでも多くの部下が慕ってくれたのは、常に信頼関係を築くよう努め、信頼口座に潤沢な残高があるよう心がけていたからにほかなりません。

『7つの習慣』の著者であるスティーブン・R・コヴィー博士は、「人間関係や組織での活躍など、よりレベルの高い公的成功のためには、人の信頼残高を高めておかなければならない」と語り、次の6つを提案しています。

①相手を理解する
②小さなことを大切にする
③約束を守る
④期待を明確にする
⑤誠実さを示す
⑥信頼残高を引き出したときは誠意をもって謝る

要するに、礼儀正しい行動や、親切であること、正直であること、これらを通して信頼残高を高めておくことができれば、厳しく叱ったからといってパワハラになることも、部下の心が離れてしまうこともないわけです。

信頼残高を増やすのは根気のいる作業で、一朝一夕に手に入れられるものではありません。でも積み重なれば、部下を育て、チームの成果を上げるための心強い武器となることは言うまでもありません。部下を叱る局面でも、思いやりを忘れず、「信頼の貯蓄」を心がけていきましょう。

056

「下位の2割」を引っ張り上げる

チームの成果を上げるには、「全員の力」を結集させる必要があります。一部の人間ばかりにがんばらせるのではなく、一人一人の力を最大限に活かすということです。ところが、マネージャーの多くはしばしばここを勘違いし、能力の高い優秀な部下ばかりで結果を出そうとします。そうでないメンバーには大した指導もせず、彼らを半ばほったらかしにしてしまうのです。

52ページでも触れましたが、チームには優秀なメンバー、普通のメンバー、下位のメンバーが、だいたい2：6：2の割合でいると言われます。

優秀な2割は、呑み込みが早く、上司が細かく指示を出さなくても結果が出せる人。普通の6割は、指示通りにこなせはするものの、結果が出せるまで時間のかかる人。下位の2割は、理解力が低く、手間ひまかけなければ結果が出せない人。

普通の人や下位の人は、当然指導が必要です。特に下位の2割を引っ張り上げるには、時間も手間もかかります。

「そんな労力をかけるくらいなら、優秀な部下だけで仕事を推し進めよう」と考えてしまうのでしょうが、それでは結局大した成果は見込めません。というのも、優秀な2割で戦うより、6割、2割を引き上げるほうが効率がいいからです。

考えてみてください。優秀な2割はすでにがんばっているわけですから、伸び代はせいぜい5〜10％といったところです。しかし下位の2割は、ほったらかしにされていた分まだまだ伸び代がある。手をかけて指導すれば20〜30％は伸びるはずです。

またこうして全体を底上げしておけば、万が一優秀な2割が欠けても、穴埋めができます。特定の個人に頼らない、安定感のあるチーム運営も期待できますよね。

「下位の2割なんて、どうがんばっても使い物にならない」と思うかもしれませんが、必ずしもそうとは言えません。部下をよく観察し、対話し、得意技や強みを見つけられれば、チームにとってかけがえのない戦力となることも十分あり得ます。

強みを引き出すコツは、それぞれの能力に合った、ある程度努力すればクリアできる目標を設定し、意欲や自信を高めていくこと。いきなり高いミッションを与えるのではなく、徐々にハードルを上げ、「やればできる」という自信をつけさせていくことです。自信がつけば、行動が変わり、チームへの貢献度も上がっていくはずです。

057

部下の評価を上げる工夫をする

部下の昇格は、チームに成果をもたらす重要な要因の一つです。

最近は出世や昇格にあまり関心を示さない人も多いと聞きますが、昇格という形で実績や能力が認められることは、部下のモチベーションを大いに高めます。その気があってもなくても、関心事であることは間違いありません。

ましてや実績や能力もあり、昇格する気満々の部下の場合、昇格できなかったらがっかりです。上司に対する信頼が失われ、その後チームで仕事をしていく上で、障害となってしまうかもしれません。そうならないためにも、部下の昇格には力を尽くし、早め早めで取り掛かりましょう。

昇格は何より「根回し」が大事です。働きかけるのは、マネージャー（あなた）自身の上司と、人事部です。他の部署に遅れを取らないよう、昇格審査の1年前から準備を始めるのがお勧めです。

まず上司に対しては、業務報告をするときなどに、その部下のことをさりげなくアピールをします。「チームが結果を出せたのは、○○さんのアイディアのおかげです」「このプロジェクトを引っ張ったのは△△さんです。彼にはリーダーシップがあります」など。自分の手柄ではなく、部下の評価を上げる材料にします。

一方人事部には、できるだけ接触する機会を持ち、部下に関する情報を提供します。その上で「昇格できるのは○○さんですね」などと念を押します。人事部というのは人事情報を求めているので、そのような話題をこまめにすると、自然と「上司が認めているのか」「きっと優秀に違いない」と納得してくれるものです。

またこのような根回しは、部下本人にもさりげなく伝えておくといいでしょう。決して悪い気はしませんし、こうしておけば万が一昇格できなかったとしても、「上司は自分のために尽力してくれた」とわかり、信頼関係も損なわれずに済むはずです。

ちなみにこうした昇格させるための工夫は、部下の弱点を改善するのにも役立ちます。たとえば自己主張が少々強い部下なら、「君の昇格について上に申請したら、『優秀だが、ちょっと自己主張が激しいところがあるな』と言っていた。もう少し自分を抑えて、人の話を聞くようにしたらどうだろうか」とアドバイスをする。普段言うことを聞かなくても、昇格が絡むと態度を改める場合も少なくありません。

058

「苦手な部下」ほどプラスの評価を

みなさんは部下を評価するにあたって、「仕事面」で判断していますか？　好き嫌いや合う・合わないといった相性で、評価を決めてしまってはいませんか？

こうした好き・嫌いや相性が部下の評価に影響すれば、部下のやる気は当然削がれます。チームのパフォーマンスも自ずと下がり、出せる成果も出せなくなってしまいます。

「自分を慕ってくれる部下のほうが可愛く思えてしまう」「生意気な部下に対してはつい辛口評価をしてしまう」というのも人情といえば人情ですが、そこはグッと我慢して、客観的な評価を心がけなければなりません。

では客観的な評価をするには、どうしたらいいか。お勧めは、「どんな部下でも好きになる努力をする」ということです。

できるだけ良いところを見て、プラスの評価を心がける。「可愛くない」「どうも性格が合わない」などと思って相手を見るより、付き合い方もずっと楽になるはずです。

もっと言うと、苦手な部下の良いところを見つけたら、第三者にアピールするのがお勧めです。悪く言うどころか、あえて他人に褒めて見せる。そうすると、その言葉は回り回って相手の耳に入り、相手があなたに好意を持つことにつながるでしょう。

人間自分を褒めてくれる相手とは、できれば仲良しでいたいもの。好きになって、長所を見つけて、褒めれば、自ずと相手の態度も柔軟になり、部下に抱いていた「嫌い」「合わない」というネガティブな感情も薄れるのではないでしょうか。

好き嫌いや相性だけでなく、相手の人生観や仕事観の違いを認めたくないということもあるかもしれません。

たとえばあなたが、「残業してでも与えられた仕事はやり切るべきだ」という考え方の持ち主だとしたら、「今日中にやらなければならないわけでもなし、残業せずとっとと帰ろう」と考える部下を快く思わないかもしれません。

でも、その部下がやるべきことをやっているのであれば、その価値観は脇に置いて、相手の仕事そのものを評価しなければなりません。冷静な評価を行うには、時には自分の主義主張を外して相手を見る必要があるということですね。

働き方というものは、人それぞれ。それを踏まえた上で、フェアに評価するよう心がけたいものです。

059

評価は「自分に厳しく、部下には甘く」

前項でも述べたように、部下の昇格は「全力で応援」が基本です。他部署と比較して不利にならないためにも、昇格時期に差し掛かっている部下の人事評価に関しては、「甘い評価（過大評価）」がお勧めです。

本来人事評価とは、給与や処遇に差をつけるためのものではありません。部下の現状を正しく評価し、これから身につけるべき能力や技術、人間性を明らかにするために行うものです。したがって、できるだけ客観的に、冷静に行うことが大前提であることは言うまでもありません。

しかし、冷静に評価した結果、「昇格がかなわなかった」となるのはできれば避けたいもの。部下の昇格を第一に考えるなら、実態より多少甘く評価するのも致し方なしと、私は考えています。

ただしその分、本人には冷静な評価をもとに「甘くない」対応をします。「人事評価と合っていないじゃないか」と言われないよう、きっちり指導します。そこは責任を持って、なお一層部下の成長を促していかなければなりません。

ちなみに、部下に対する評価とは反対に、みなさん自身の自己評価については、「甘く」ではなく「厳しく」がお勧めです。人は無意識に自分を高く見積もり、他者を低く見積もる傾向があるからです。

私の東レ時代の同期で、東大法学部出身の大変優秀な男性がいました。仕事が早く、優れた才能の持ち主でしたが、残念ながら彼は人望がなく、出世しませんでした。何度もそのチャンスがあったのに、課長以上に昇進することはありませんでした。

結局彼は「なぜ自分は評価されないのか」「この会社にいても出世できない」と言い放ち、会社を去りましたが、風の噂によれば、転職先でも思うような結果は出なかったといいます。

能力が高いがゆえに、自分自身を高く見積もりすぎ、謙虚に己を省みることができなかった。そのせいで仕事や人生において、思うような成果が出せなかったわけですね。

この例同様に、マネージャーが自らを高く見積もりすぎれば、出せる成果も出せなくなる恐れがあります。そうならないよう、自分には少々厳しめに、部下の多少のアラには目を瞑って……くらいの心づもりでいきましょう。

060

「副業」は勧めない

最近は、正社員として働きながら「副業」を始める人が増えています。理由は、「スキルアップ」「資格の活用」「収入の確保」などさまざまのようです。

一方、国も副業には積極的です。厚労省では「働き方改革実行計画」をもとに、副業・兼業の普及を促進しています。厚労省が提示する「モデル就業規則」内で規定されている副業禁止規定を削除し、「届出制」による副業・兼業を認める方向性を示してさえいます。この調子でいくと、今後副業は当たり前のものになっていくかもしれません。

しかし企業はといえば、まだまだ副業に消極的です。というのも、副業・兼業を認めると「自社の業務がおろそかになる」「情報漏洩のリスクがある」などが考えられるから。本業と副業で忙しくなりすぎれば、体を壊す恐れもあります。チームの成果を上げていくということで考えれば、やはり副業には慎重にならざるを得ないでしょう。

私自身も、基本的に副業には反対です。非正規社員や契約社員ならともかく、正社員ではやはり本業がおろそかになりかねませんし、掛け持ちできるほど本業の仕事はたやすくはないからです。

そもそも人間の力には、体力気力ともに限界があります。本業をがんばれば副業がおろそかになり、副業に力を入れれば本業に全力投球できなくなると考えるのが自然です。

副業を認めるのであれば、こうしたことを熟慮し、副業のせいで本業がおろそかになった、その穴埋めを別の社員が負担することになった、結果チームの力が落ちてしまった……などということのないよう、しっかり態勢を整えていく必要があるでしょう。

もっとも、副業を考える理由の大半は「収入」のようです。エン・ジャパン株式会社の調査によれば、５０００名以上の正社員を対象としたアンケート（「副業」実態調査）では、「副業に興味あり」と答えたうちの83％が「収入のため」と回答したのだそうです。

収入を増やすことが副業を希望する主な理由なのであれば、副業するより、本業の時間単価を上げたり、自己投資に力を入れるという手もあります。副業をしなくても安定的な収入が得られるよう、部下の成長に力を貸し、収入が上がる方策を考えてみる。そんな相談に乗るのも、マネージャーの役割となっていくかもしれません。

部下に副業について相談をされたら、社の副業規定を確認するとともに、副業のメリット・デメリットについて話し合うことから始めてみましょう。

第6章　チームに活力をもたらす

061

ダイバーシティを意識する

チームが活力を得るには、「ダイバーシティ」が重要です。

ダイバーシティとは「多様性」です。性別や年齢、国籍などの違いを認め、多様な人々が持つ可能性を、社会や働き方に活かしていこうという考え方です。

かつてはマーケットも経営も、「日本人、男性、大卒、正社員」などといった特定の人間像を対象に制度設計されていました。

ところが今や時代が変わり、外国人もいれば女性もいる、非正規社員もいれば高齢者もいる。マーケットの変化に対応して、経営面でも多様性を促し、組織を構成する全員の力を最大限にアウトプットしなければ、会社は生き残れないと言っても過言ではありません。

チーム作りについても同じです。強いチームを作っていくには、性別や年齢、あるいは国籍を問わず、常識の枠内に収まらないような「異端児」をも含め、すべてのメンバーを活躍させる戦略が求められます。

ただ、異端児はしばしば厄介です。一人だけみんなと違う行動をとったり、みんなが賛成しているだけに一人だけ異議を唱えたり。このような部下がいると、チームがギクシャクし、チーム運営が円滑に進まなくなることもあります。常識的な人から異端児まで、「すべての人」を活躍させるというのは、口で言うほどたやすくないかもしれません。

でも、チーム内での異質な存在は貴重です。もちろん根拠も言わず反対したり、ルールを守らず人に迷惑をかけるような行為は慎ませるべきですが、「あながち誤りでもない」「鋭い指摘だな」と感じたなら、「変わったヤツ」で終わらせず、その意見や考え方に耳を傾けるようチーム全員に促すことが大事です。

異質な意見によって、チーム内にコンフリクト（葛藤）が起これば、そこで既存の考え方に対して検証が行われます。当たり前だと思っていたことに疑問が生じ、見直され、改善されていけば、イノベーションを起こすきっかけにもなります。チームがさらに飛躍する可能性も十分考えられますよね。

チームは仲が良いに越したことはありません。みなが志を共有し、協力し合わなければ、思うような成果は得られません。しかし、だからといって全員が同じチームカラーに染まる必要はありません。一人一人が主体性を持ち、能力を活かし、異なる意見を遠慮なく言い合える。そんなチームこそが、強いチームです。

062 女性の活躍に力を入れる

活力をもたらすといえば、やはり「女性」です。女性の活躍なくして、会社もチームも活性化はあり得ません。ところが我が国のジェンダーギャップ指数は156カ国中116位（2022年世界経済フォーラム調べ）。女性の管理職に至ってはわずか12%（2019年ILO調べ）。現状はまだまだだということがよくわかりますね。実際に、履歴書が同じでも男女で評価に差がついたり、同じ事業の成功例でも、女性だと「生意気だ」「女だからできたんだ」などと言って実力を素直に認めようとしない。そんな風潮も決して少なくはありません。

でも、私は「女性が男性より劣っている」と感じたことは一度もありません。むしろ女性のほうが真面目で、丁寧で、仕事のできる人が多かったと言っても過言ではありません。もっと言えば、男性だけの企業文化の中では、斬新な発想は生まれないとさえ感じます。女性をチームの大きな戦力として、もっともっと有効活用すべきです。

その理由の一つは、女性は既存の男性社会に、異質な考え方を持ち込んでくれるから。

おかしいと思うことに対して、確固たる意思を主張し、改善できるからです。

かつてこんな女性部下がいました。まだ東レが女性社員に海外駐在を認めていなかった時代、彼女は海外で働きたいと海外駐在を申し出ました。「女性を海外に一人で出すなんて」と周囲は猛反対でしたが、私は彼女の能力と熱意を認め、香港への駐在を決めました。そのとき、彼女は晴れやかな顔でこう言いました。

「他の上司だったら、海外なんて絶対に無理。でも、佐々木さんが上司になったとき、これはチャンスだと思いました。佐々木さんならきっと行かせてくれるって」

この女性部下は、強い意思で来るべき時を待ち、見事チャンスを摑んだ。このような粘り強さやチャレンジ精神は、男性ではなかなかむずかしいのではないでしょうか。

二つ目は、子育て経験の活用です。理不尽な要求に応えていかなければならない子育ては、忍耐力、リスク管理能力、タイムマネジメント能力を養います。このスキルを仕事に活用しない手はありません。

気遣いから「女性には無理だろう」「女子にこんな作業させられない」と配慮することもあるかもしれませんが、その配慮がかえって女性の活躍を妨げてしまうこともあります。まずは「女だから」という思い込みを外し、能力で見極めていくことが大事です。

063
障がい者雇用について考えてみる

障がい者には、「身体障がい者」「知的障がい者」「精神障がい者」がいます。現在日本には、これらすべてを合わせて約９３７万人の障がい者がいると言われます。

そのうち民間で雇用されているのは、身体障がい者が約36万人、知的障がい者が約14万人、精神障がい者が約10万人で、合わせて約60万人。仕事を持って働いているのは、わずか６・４％に過ぎないわけですね（令和３年障害者雇用状況の集計結果）。

「心身に障がいがあったら、そもそも働くのはむずかしいだろう」と思うかもしれませんが、障がいがあっても働ける人はたくさんいます。普通のように働くのは無理でも、少しやり方を工夫すれば能力を発揮できるケースも決して少なくはありません。

障がい者を雇用したことで、会社に活力がもたらされた例もあります。代表的なのが、神奈川県にある日本理化学工業株式会社。チョークを作っている会社です。

この会社は、全社員90名のうちなんと63名が知的障がい者（２０２２年2月現在）で、しかもその半分は重度障がい者だと言います。

障がい者施設の人に頼まれて、お試しで採用したところ、社員たちから「私たちが面倒見るから、継続して雇用してほしい」との訴えが。「みな毎日一生懸命仕事をしてくれて、何の支障もない。これからも一緒に働けるはずだ」というわけです。

現在、日本理化学工業株式会社は、国内のチョーク業界でシェア70％を超えるトップメーカーになりました。社員の努力やトップの経営手腕ももちろんあるでしょうが、障がいを持つ社員の存在が、他の社員にやる気を起こさせ、チームに活力を与えたことも見逃せないのではないでしょうか。

最近は、「片付けられない」「時間が守れない」といった特徴があるＡＤＨＤ（注意欠陥多動性障害）や、こだわりの強いアスペルガー症候群など、大人の発達障害も問題となっています。みなさんの部下の中にも、もしかしたらこのような特徴を持つメンバーがいるかもしれませんね。

その可能性がある場合、もちろん専門家に相談することも大事ですが、「障がいがある」というレッテル貼りをせず、接し方や指示の出し方を変えるなど、マネジメントの仕方を工夫してみることも大事です。「口頭指示を文書指示に変える」「言葉でなく動画で説明する」など、工夫次第で改善できることがあるかもしれません。

064

新卒の部下を教育する

新卒の部下を教育する場合は、「慌てず、焦らず、ゆっくり育てる」が基本です。68ページでメンター制度について述べましたが、こうした制度を有効に使い、1日も早く現場に溶け込むよう促すことが大事です。会社環境に馴染むという意味では、「鉄は熱いうちに打て」が一番です。

最近は「一から新人を育てるより、経験のある優秀な人材を採用したほうが手っ取り早い」という考え方の幹部も多いようですが、一概にそうとは言えません。新卒採用にはそれなりのメリットがあります。

たとえば、若い労働力の確保。企業が成長する上で、若くフレッシュな人材は欠かせません。新しい世代がもたらす風は、柔軟性や活力をもたらし、組織を活性化します。将来的に会社を支えて立つリーダー・幹部候補となる人材を育てるためにも、新人の採用・育成は必須です。

一方、デメリットもあります。育成にコストがかかること、ミスマッチが起きてしまう可能性もあることです。

採用時はよしと判断して雇ったものの、実際に働いてみたらどうも合わない、教育したものの期待したような戦力に至らない、あるいは戦力にならないうちに辞めてしまう……そんなミスマッチももちろん起こり得るでしょう。

しかし、こうしたデメリットを差し引いても、私は新人社員を積極的に育てていくべきだと思います。新人社員のほうが中途社員に比べて、なんといってもロイヤリティ（会社に対する忠誠心）が高いからです。

新人の頃から会社の理念や価値観、上司の志を共有すれば、やはり「会社のために」という思いは強くなります。この思いの強さが仕事のモチベーションにつながり、当人の成長を促し、チームの活性化を大いに促すはずです。

もちろん忠誠心といっても、会社に服従させ、社畜化させることではありません。会社の仲間とともに成長しようとする信頼関係のことです。

近年は終身雇用制度もなくなりつつあり、新人がすぐに辞めてしまうことが増えましたが、みなさんのマネジメント力で、ゆくゆくはチームや会社を背負って立つ新人を育てていってほしいものです。

065

新卒採用は「スペック」より「人間性」重視で

マネージャーは、新卒採用に関わることも少なくないでしょう。「就活生をどのように見たらよいか」ということにも触れておきましょう。

私も東レ時代、新卒採用に関わった経験があります。多くの就活生の履歴書に目を通し、面接官を務めたりしたこともあります。

そこで痛感したのは、学校教育の限界です。たいていの就活生は真面目で性格も悪くないのですが、どうも人間的に自立していない。有名大学であろうとそうでなかろうと、大して変わらないという印象を受けました。

本来学校は人を育てる場のはずですが、その機能を十分果たしているとはいえないのでしょう。いじめや不登校の原因となりかねない画一的教育や教員の多忙化など、問題が山積みで、とても人間性を育てるような余裕はないのかもしれません。

いずれにしろ、学校教育が十分でない以上、会社で教育するしかありません。未熟な新卒社員に向かって「会社は学校じゃない！」と叱りつける人もいるようですが、そんなことを言っていても部下は成長しませんし、チームに活力ももたらされません。

組織やチームに活力をもたらすためにも、「会社には人間教育としての役割がある」と心得ておきましょう。

その観点から言うと、新卒採用で見るべきはやはり「人間性」です。

苦境の中でも仲間と共にがんばれるか。自らの考え持ち、伝えていくことができるか。働き手として、人として、成長したいと思っているか。このような人間性を重視し、育てがいのある人材を採用するのがお勧めです。

出身校や成績といった「スペック」も無視できないのかもしれませんが、私はさほど気にしませんでした。スペックが高くても、人の言うことを素直に聞かない、自惚れて伸び代が感じられないようでは、育てがいがあるとはいえません。

一方、部活やサークルでリーダーを務めた経験のある人は、一目置いてもいいかもしれません。チームや組織をまとめた経験は、仕事にも活かせる可能性が高いからです。

また、チームワーク経験のある人は、「遅刻しない」「きちんと挨拶ができる」など礼儀正しい行動をとれる人も少なくないものです。履歴書チェックや面接時の参考にしてみてはいかがでしょうか。

066

中途採用社員には適切な研修を

私は会社の社員やチームのメンバーは、「集める」ものではなく「育てる」ものだと思っています。

ですから「新卒を雇うより、優秀な中途採用者を集めたほうがいい」「人は育てるより集めたほうが効率がいい」という考え方には賛成しかねます。「優秀な人材を集めれば優秀な組織が出来上がる」とは、必ずしも言えないものです。

ただ、だからといって「中途なんか採用すべきではない」とは言いません。当然のことながら、中途採用者には新人にはない経験やスキルが期待できます。

これを活かせるなら、会社やチームはより強くなれます。ダイバーシティの観点からも、多様な人材採用は積極的に行うべきです。

人員構成としては、プロパー社員（生え抜き社員）を中心に構成した上で、中途採用者の力を借りて補強する、という組織作りがベストではないでしょうか。

中途採用社員の場合、即戦力として雇用されるため、基本的に育成のコストはかかりません。時期に関係なく通年採用できるのもメリットといえるでしょう。

ただし、育てるコストがかからないといっても、何も教えずに現場に放り込むのはお勧めできません。戦力になってもらうには、適切な研修を通して、企業文化や経営理念を勉強し、組織やチームの一員として馴染んでもらう必要があります。

またいくらスキルや経験があっても、環境が整わなければ、本来の力を発揮できないということも考えられます。場合によっては新人同様メンター制度を設けたり、わからないことや疑問に思うことを相談するアドバイザーの配置も考えるといいでしょう。

中途採用者の中には、業務の進め方に文句を言ったり、職場のルールを守らなかったりなど、しばしばトラブルを起こす人もいます。

ベテランの年代であれば、年下のメンバーに対して上から目線で振る舞ったり、年下のマネージャーの指示に素直に従わないなど、コミュニケーション面で問題のある人もいるかもしれません。

しかし年が上であろうとベテランだろうと、チームの主導権を握るのはマネージャーです。これまで本書で述べたアドバイスを参考に、問題点はうまくたしなめ、認めて褒めてやる気をアップさせ、チームの力としていきましょう。

067 再雇用シニア人材の活かし方

「高年齢者等の雇用の安定等に関する法律」が改正され、２０２１年4月から施行されました。それに伴い、「従業員が70歳になるまで就業機会を確保すること」が企業の努力義務となりました。参考までに、厚労省が出した「就業機会を確保する5つの措置」を挙げてみます。

1　70歳までの定年引き上げ
2　定年廃止
3　70歳までの継続雇用制度の導入
4　高年齢者が希望するときは、70歳まで継続的に業務委託契約を締結する制度の導入
5　高年齢者が希望するときは、70歳まで継続的に「事業主が自ら実施する社会貢献事業」もしくは「事業主が委託・出資する団体が行う社会貢献事業」に従事できる制度の導入

シニアの雇用に関しては、「仕事が遅い」「新しい技術や価値観についていけない」などの問題点も指摘されますが、長年かけて培われた経験やノウハウは決して無視できませ

ん。マネジメント次第で、チームの活性化にも大いに役立つはずです。

再雇用シニアを活かすポイントは「仕事のマッチング」と「コミュニケーション」です。どのような経験や知識があるのかを確認し、職務の切り出しと適切な割り振りを行い、「再雇用者ならでは」の仕事を与えていく。なお、その際は基本的な方針を説明したら、ある程度裁量を与えて仕事を任せましょう。

再雇用を進める企業の中には、「再雇用者がモチベーションを保てない」などといった問題もあるようですが、これはおそらくコミュニケーション不足が原因です。「経験やスキルを高く評価している」ということを伝え、必要に応じて研修も行い、再雇用者がやる気を高め、チームに貢献したくなるようマネジメントしていきましょう。

シニア人材は、若い人に比べてチームに馴染むのに時間がかかったり、経験値が邪魔をして円滑なコミュニケーションがなかなかとれないということもあるかもしれません。

しかし多くの場合、ギクシャクするのは最初だけです。勝手がわからず戸惑い、ぶつかり、やがて自ら調整しようと努力し、コミュニケーションが起こり、チームの一員として貢献していくようになる。そのプロセスは若者であろうとシニアであろうと、なんら変わりありません。そこを踏まえ、焦らず受け入れていく姿勢が大事です。

068

「派遣社員」「パート・アルバイト」のマネジメント

近年は派遣社員、パート・アルバイトなど、非正規雇用が増えています。彼らの存在なくして、会社やチームの活性化はあり得ないと言っても過言ではありません。

改めて言いますと、非正規雇用の場合、正社員のような雇用責任はありません。教育の訓練、福利厚生はもちろん、仕事に対する評価や動機付けなども基本的には不要です。

正社員と比べて人件費が抑えられ、募集・採用から配置まで手間のかからない非正規社員は、組織にとってメリットの多い存在といえるかもしれません。

しかしその分、会社に対するロイヤリティも下がります。仕事に対する熱意ややる気も、正社員に比べて当然低くなります。

ある企業で、アルバイトとしてチームに所属し勤務している人が、こんな話をしていました。

その会社は、全スタッフのうち4割が正社員、残りの6割は派遣社員やアルバイトという態勢で仕事を行っているのだそうですが、仕事に対する責任感やモチベーションがバラバラで、どこかしら混沌としているといいます。

連携不足によるミスや非効率も散見され、スタッフどうしの連帯感も生まれにくく、現在業績は悪くはないものの、今一つ組織として一体感がない。離職するスタッフも少なくなく安定感が感じられない……というのです。

このような問題を改善するには、正規・非正規をやたら区別せず、マネージャーが平等に接していくことが大事です。同じ環境で同じ研修を受け、社内ルールや仕事の手順を言語化し共有することで、チームの一体感を醸成していくことが必要になります。

ただし、これはもちろん契約内容と業務内容が一致している範囲での話です。やる気を促し一体感を高めるつもりが、契約にない作業まで負わせてトラブルになってしまったなどといったことがないよう注意しましょう。

ちなみに私が社長を務めていた東レ経営研究所でも、一時派遣社員を雇用していましたが、私は希望者全員を正社員にしました。そのほうがモチベーションが上がり、組織の総合力が高まり、結果仕事の成果も格段に上がるからです。

「正社員より派遣のほうが働きやすい」という人もいると思いますが、「同じ会社、同じチームで働く仲間である」という意識を促していくことが不可欠です。

069

チーム活性化のカギは「タテ」ではなく「ヨコ」

チームを活性化していくために、捨てていただきたいものがあります。

「自分より上・下」といった上下意識＝「タテ」の意識です。

働き方が多様化するに伴い、現代はチームを構成するメンバーも多様化しています。

正社員だけでなく派遣社員もいる、パートやアルバイトもいる。

経験値が高いベテラン中途社員が、部下としてチームに加わることもある。

特別なスキルを持った新人から、教えを受けなければならないこともある。

このような状況下で、多様なメンバーを動かしていくには、まず、従来的な「上司と部下の関係」＝「タテ」の意識を取り払うことが欠かせません。

「年齢が下」「経験が上」などといった上下意識があると、劣等感（優越感）や競争意識が芽生え、互いに協力し合い、フォローし合って働くことができなくなります。邪魔したり、足の引っ張り合いが起きることもあります。これでは活性化どころか、むしろマイナスにさえなりかねませんね。

そこでみなさんにお勧めしたいのが、「ヨコ」の意識です。「ヨコ」の意識とは、「年齢、性別、経験に関わりなく、みなそれぞれに強みがある、対等である」という前提に立ち、認め合い、協力し合っていくということです。

「ヨコ」の意識へのシフトは、口で言うほど簡単ではありません。頭ではわかっていても、いざ行動に移すとなると抵抗を覚えることもあるでしょう。

たとえば部下から意見されたら、「年下のくせに生意気だ」と腹を立てたくなるかもしれません。ルーティーンワークしかしないアルバイトに対しては、「自分に比べて大した仕事をしていない」と感じるかもしれません。自分より年齢や経験が上だと、「使いづらいなあ」と思うこともあるかもしれませんよね。

でも、これらはすべて競争や優劣を生みかねない「タテ」の意識の発想です。この「タテ」のままでは、チームで出せる力はたかが知れています。期待以上を求めるなら、「タテ」を「ヨコ」に、上下を対等に変える、意識改革が必須なのです。

「ヨコ」で見る意識は、もちろんマネージャーだけでなく、チーム全員で共有するのが理想です。「人間関係はタテではなくヨコで見る」を基本とし、無益な競争や優劣と無縁の、協力と信頼に満ちた強いチームを作りましょう。

第7章　チーム内に問題が起きたら

070

揉め事は「話し合いの習慣化」で防ぐ

結果の出せるチームになるには、メンバーどうし、うまくやれることが大事です。性格が合わなかったり、気に入らないところがあったとしても、「仕事に対する姿勢は認める」「仕事の能力はリスペクトできる」といった感じで、合わないところを乗り越えて、協力し合い信頼し合えるのが理想です。

しかし、そんなふうにうまくいくとは限りません。むしろ「合わない」「気に入らない」「協力できない」と常に何かしら揉め、小競り合いを起こし、それがチームの成績不振につながっているというケースのほうが多いかもしれません。

このような場合にマネージャーがまずすべきは、現実を理解するということです。揉め事や小競り合いの実態を、正しく把握することから始めましょう。「なんだかムカつく」「気に入らない」といった感情的なものであれば、放っておいても構いません。

一方、それが原因で「納期が遅れた」「仕上がりに悪影響を及ぼした」といった仕事上の支障が起きたなら、いち早く手を打つべきです。周囲のメンバーにも事情を聞き、状況の程度を認識し、揉め事の当事者を集めて話し合いの場を持つようにしましょう。

こういう場合、ケンカ両成敗で、マネージャーが双方を叱って事を収めるなどとなりがちですが、叱ったりなだめたりする前に、まず原因を明らかにし、どうすればうまくいくかをメンバー間で話し合わせることが大事です。

みんなで落ち着いて話し合えば、事態を公平に、客観的に捉えられます。自らの行動を冷静に省みることができ、問題を起こさないためにどうしたらいいかをより深く考えられるようになると思います。

もっともこういう話し合いの場は、「トラブルが起きたからしぶしぶやる」ではなく、「トラブルに発展しないよう、話し合いを習慣化する」ということのほうが大事です。

仕事が滞りなく進んでいるか、問題がないかを、マネージャーを中心にみんなでモニターし、疑問や不安に感じることがあれば、即座に集まって話し合う。大ごとにならないうちに、小さなモヤモヤを解消していくのが大事ですね。

もちろんマネージャーがそれぞれの言い分を聞き、理解することも必要ですが、そもそもメンバーどうしのギスギスが生まれないよう、話し合いの習慣化によって、チーム内の意思疎通を促すのがお勧めです。

071

問題児は「毅然と、優しく」対処する

チーム内に問題児がいる。そのメンバーの行動や振る舞いのせいで、他のメンバーが迷惑を被っている……これもよくあることですね。

そのような場合は、事実を把握した上で、当人と一度面談をしましょう。まずは本人の言い分を聞き、受け止めた上で、問題点を指摘します。一方的に責める言い方ではなく、長所を認めながら、聞き入れるよう諭していくことが大事です。

マネージャーに話を聞いてもらい、努力も能力も認められていると理解すれば、たいていは納得し、問題行動も少なくなっていくはずです。

もっとも中には、なかなか行動を改めない人もいます。マネージャーの指摘や方向性に抗って、文句を言う人もいます。

このような場合は、受け入れられないということを毅然と伝えましょう。

105ページで「正面の理、側面の情、背面の恐怖」という話をしましたが、言葉で理由を説明し、さらに情で言って聞かせて聞き入れないなら、最終的には「背面の恐怖」。

一度目とはやり方を変え、有無を言わさない強い態度で接するべきです。そのときは気まずくとも、そうしたほうが後々のチームのため、そして当人の成長にもつながるはずです。

一方少々厄介なのが、問題となっているのが仕事ができる人、経験豊富なベテランなどの場合です。

仕事ができるがゆえに、他のメンバーにも同じレベルを強要する。できないと叱責し、説教をする。そのせいでやる気を失い、辞めてしまう人も後を絶たないが、言っていることもやっていることも正しいため、ものを言うのが少々憚られる……。

このような相手には、改めるよう伝えることにためらいを感じるでしょうが、怯む必要はありません。やたらと下手に出る必要もありません。「辞められたら困る」という態度も見せるべきではありません。

ただし「辞められたって平気だ」という上から目線の、突き放すような伝え方はお勧めできません。何事も厳しい顔、険しい口調でやっていいことはないものです。

「あなたのスキルや能力に助けられている、頼りにしている」と感謝しつつ、「もうちょっとこうしてほしい」と優しく伝えましょう。相手に「この人は自分を理解してくれている」と伝われば、自然と言うことを聞きたくなるものです。

072

悩みの相談事は「聞き役」に徹する

面談時に悩みがある様子を見せていた、あるいは近頃様子がおかしい……そんなメンバーがいたら、「遠慮なく相談してほしい」と声をかけてもいいでしょう。「聞いてほしい」と言われたら、できるだけ間をおかずに時間を作り、少なくとも1時間、じっくり相手の話を聞く機会を作りましょう。解決してあげようと根掘り葉掘り聞くのではなく、聞き役に徹し、まずはじっくりのんびり耳を傾けることが重要です。

当たり前のことかもしれませんが、念のため「絶対に他言はしないから、安心して話して」と前置きしてもいいでしょう。そうすれば相手も安心し、悩みを打ち明けやすくなるはずです。

ちなみに、悩みの相談事は社内で就業時間内に行うのが基本です。食事やお酒の席のほうが、砕けて話しやすいということもあるかもしれませんが、大事な話はシラフですべきです。流れで一緒に食事したり飲みに行くなら、相談事について一通り話を終えた後が望ましいでしょう。

私は妻の看病や子どもたちの世話があったため、会社の上司や部下と飲みに行く機会はあまりありませんでしたが、「飲みニュケーション」が嫌いだったわけではありません。上司と部下がお酒を飲むことは、親睦を深める意味でも大事なことです。

お酒が入ると、普段口にできないことを話せることもあります。本音を言えたり聞けたりしたことで、互いの理解が深まり、職場の人間関係が改善されることもあります。最近は上司や同僚と飲みに行きたがらない若者が増えているそうですが、「お酒を飲んで楽しく語り合いたい」という気持ちはいつの時代も変わらないのではないでしょうか。

思うに、おそらく若手が上司と飲みに行きたがらないのは、上司の昔話や自慢話を延々聞かされたりお説教されたりと、話を聞いてもらって語り合うどころか、一方的に聞き役に回らなければならないから。これでは飲みに行きたがらないのも当然ですよね。

そこで提案ですが、メンバーと飲みに行くときは、終始「聞き役」に徹し、仕事の話をするなら、相手から相談されたときのみ応じましょう。

自分の話はできるだけ控え、メンバーの話に「うん、うん」と頷きながら笑顔で聞き、アドバイスは求められたときだけにする。これだけで悩みが吹っ飛んでしまう人もいるかもしれません。

073

「うつ病」を甘く見ない

遅刻や欠勤が目立つ場合は、少し別のケアが必要になることもあります。一番危惧されるのが「うつ病」です。

うつ病では、睡眠障害などの身体症状を訴えることがよくあると言います。これまではきちんと出社していたのに、やたらと遅刻が多くなったなどといった場合は、うつ病の可能性も疑ったほうがいいかもしれません。

うつ病は、今や特別な病気ではありません。厚労省の調査によれば、うつ病を含む心の病の患者数は、２０１７年には１２７万人を超え、現代では糖尿病やがんなどよりもポピュラーな病気だと言われます。

誰でもかかることから「心の風邪」などとも呼ばれますが、甘く見てはいけません。「だるい」「疲れる」など病識が漠然としているため、「怠けている」「やる気がないだけだ」などと言われてしまうこともあるようですが、これらがうつ病のサインである可能性も決して否めません。

場合によっては一度面談を通して本人と話し合ったり、あるいは他のメンバーにその人の様子を聞いてみてもいいでしょう。

またうつ病は、真面目で責任感が強く、危機意識の高い人がかかりやすいとも言われます。その意味では「仕事をがんばりすぎている」「仕事で気を張りすぎている」といったメンバーにも、注意を向けたほうがいいでしょう。

幸い私自身は、どちらかと言えばチャランポランで、「なんとかなるさ」という考え方の持ち主だったためうつ病とは無縁でしたが、妻が重いうつ病だったため、その辛さと大変さは身にしみてわかります。軽視できないこともよくわかります。

本人がうつ病と認めたがらない場合もあると思いますが、その疑いがあると感じたら、本人に寄り添い、思いやりを持って受診を勧めることも、マネージャーの役割といえるかもしれません。

なお、うつ病の最大の原因はストレスです。長時間労働やサービス残業、成果主義など、労働環境がうつ病の引き金の一つになっていると言っても過言ではありません。

できることは限られるにしろ、少しでも元気に健やかに、みんなが前向きに働ける環境作りに努めていきましょう。

074

人間関係の悩みは「それでもなお」で乗り越える

同僚や取引先などに、苦手な人がいる、やりにくい人がいる……みなさんのチームにも、そんな悩みを持つメンバーが一人二人はいるのではないでしょうか。たとえば、

・物言いがきつい人がいる。話していると心が折れそうになる。
・なんでも人のせいにする。あの無責任さが許せない。
・言っていることがコロコロ変わる、あんな人とは口もききたくない。

こうした人間関係の悩みは、仕事にはつきものです。パワハラにつながるようなことであれば別ですが、そうでないなら、感情的なことに振り回されないよう気持ちを切り替える努力も必要です。

ただ、こうした小さなイライラがやる気を奪うのも確かです。仕事に対する集中力やモチベーションが下がり、チームのパフォーマンスが落ちてしまったなどということにならないよう、できれば悩んでいる部下をフォローしてあげたいものですよね。

これらの悩みに対しては、残念ながら特効薬はありませんが、私から一つ言えることが

あるとしたら、米国の行政官僚で講演家のケント・Ｍ・キースが綴った次の言葉です。

「人は不合理で、わからず屋で、わがままな存在だ。それでもなお、人を愛しなさい」

これを実践するのは、非常にむずかしいことです。私もやってみましたが、どうがんばっても10人中８人を愛するのが限度です。気に入らない人をゼロにし、全員を愛するのは不可能と言ってもいいでしょう。

でも、それでも仕事は「人にまみれて」しなければなりません。

人格者もいればわがままな人もいる。仕事のできる人もいればできない人もいる。私たちは一緒に仕事する相手を、基本的に選ぶことはできない。そんな人間関係の渦の中で、一つ一つやり遂げていかなければならない。それが仕事というものであり、それによって人は自分を磨いていくのだと思います。

では、具体的に「それでもなお」を実践するとはどういうことか。

たとえば、物言いの失礼な相手にも丁寧に「おはようございます」と挨拶する。無責任で無神経な相手にも、協力を惜しまない。そういうポジティブな行動の積み重ねが、自らを磨き、人間関係に悩まないしなやかな心を育んでくれる……もしも相談を受ける機会があったら、部下にそんな話をしてみてはいかがでしょうか。

075

合わない相手とは「表面的にサラリと」付き合う

人間関係の悩みは、相手に対する見方を少し変えることで、解消されていくこともあります。そのためのちょっとしたコツをお教えしましょう。

まず一つ目は、本書で何度もお伝えしてきたように、人のいいところ、ホワイトな面を見るということです。

たとえば、こんな話を聞いたことがあります。

ある会社で、みんながんばっている中で、一人だけ楽をしようとする人がいる。何かしら言い訳をつけては、大変な仕事を人に押し付け、自分はその場からいなくなる。やり方が巧妙で、マネージャーもなかなか注意をしづらい状況だったと言います。

そんなある日、会社にクレームが寄せられます。会社に落ち度のない、理不尽なクレームです。すると問題児であるその人が、自ら進んで対応し、クレーマーを見事に言いくるめ、その場を収めてしまいました。その後も人に仕事を押し付けるのは相変わらずだったそうですが、的確なクレーム対応にみな唖然とし、同時に「よく見ると、いいところもあるんだな」と気づいたと言います。

こんなふうに、普段はブラックだけれど、よくよく見るとホワイトなところもあるんだと気づくことは、案外少なくはないのではないでしょうか。

二つ目は、相手とガッツリとではなく、サラリと付き合うこと。心から好きになろうとせず、ちょっと演技して、表面的に付き合うことです。

本当は心から好きになれれば一番ですが、相手のホワイトなところがどうがんばっても見えない場合は、本音を引っ込めて、演技して表面的にうまくやるしかありません。本音で真面目に付き合おうとして、かえって相手との関係が悪くなり、仕事に支障が出てはいけませんよね。

そして三つ目。それでもどうにも腹の虫がおさまらないときは、心の中でこう言います。

「人間だからしょうがない。許してあげよう」

人間なら失敗もするし過ちもある。同じ人間どうしとして、許す心を持ってあげよう。こんなふうに考えると、悩みも少しは軽減されるのではないでしょうか。

人間関係に悩んでいる、イライラ、モヤモヤを何とかしたい。そんな部下がいたら、参考までにこんなアドバイスを伝えてみてください。

076

部下からの異議は「信頼回復」のチャンスに

「チームの方針に同意できない」「処遇に納得がいかない」メンバーの中には、そんなふうにマネージャーが決めたことに対し、異議を唱えてくる人もいるかもしれません。

その場合、まず大事なのは「原因」を掴むことです。相手を説得したり突っぱねたりする前に、なぜ受け入れようとしないのか、そこを考えてみましょう。

部下が「同意できない」「納得できない」と訴える場合、原因は主に二つあります。

一つは「上司を軽んじている」、もう一つは「信頼関係が築かれていない」。

上司を軽んじて逆らうというのは、そうそうあることではありません。損得勘定を考えたら、普通は上の指示に従うものです。やはり多くの場合、異議を唱えるということは、信頼関係が築かれていないと考えるべきでしょう。

では、ここからどう信頼関係を作っていけばいいのか。ポイントは「話を聞く」「承認する」「頼る」「感謝する」の四つです。

いくら指導が的確でも、頭ごなしに指示するだけでは部下は従いません。頷き、相手の言葉をオウムがえしするなど、「話を聞いてくれている」という印象を与えましょう。

部下の意見は未熟なものも多いものですが、否定したりアドバイスしたりせず、「なるほど」と受け止めます。ジャッジせず、「承認する」ということが大事です。

そして忘れてはならないのが「頼る」ということ。「あなたが必要だ」「いてくれて助かる」ということをできるだけ強調していきましょう。

最後は「感謝」です。上司と部下では、どうしても上司のほうがパワーバランスが強くなりがちです。すると本音が言えなくなり、コミュニケーション不全が起こります。「感謝」は関係性をフラットにし、関係性を良好にするのにとても役立つのです。

この四つを取り入れて話し合いをし、改めて方針や処遇について説明すれば、相手は受け入れていくはずです。しぶしぶだったとしても、信頼関係が築かれれば、納得できなくて問題を起こすというようなことはないでしょう。

ちなみに、ここまでしても言うことを聞かない場合は、いうまでもなく「注意」「警告」です。「決定には逆らえない」ということをしっかりと伝えましょう。

ただし、注意する際は他のメンバーがいないところで行うのが基本です。相手に恥をかかせたり、立場を悪くさせるようなことはくれぐれも慎みましょう。

077

よそからの批判はフォローして守って指導する

チーム運営に関して、あるいはチームメンバーについて、よその人間から批判的な指摘をされた場合、概ね気にする必要はありません。

何か見過ごせない問題が生じ、改善を求められたなら考えなくてはなりませんが、どこからともなく流れてきた批判であれば、やっかみや大きなお世話という可能性も少なくありません。そもそも普通はみな自分の仕事で忙しく、よそのチームの批判などしているヒマはないはずです。

ただ、中にはわざわざ耳に入れてくるケースもあります。何か不満があり、意図して伝えてくるということです。こういうときは、無視せず聞いて、相手に納得のいく説明をしたほうがいいでしょう。

たとえば、個人名を挙げてメンバーの批判をされたとします。メンバーの名を聞けば、なぜ批判されたのか、薄々理解できるはずです。そのようなときは、そのメンバーの本心や良いところを伝え、誤解を解くよう努めましょう。

「いや、彼（彼女）はそういうつもりで言った（やった）んじゃないんです。こういうことをしようとして、そういう発言（行動）になってしまっただけです。理解してやってもらえると助かります」

といった具合に、まずは部下をフォローする。当人が問題児だったとしても、相手に調子を合わせて否定したりせず、「部下は守る」という姿勢をとることが大事です。

このようなケースでは、問題の原因を明らかにするのは容易ではありません。部下ではなく訴えてきたほうに非があることも考えられます。

ただ、こういう批判を突きつけられたということは、部下にも何らかの落ち度がある、注意しなければならない点があるということです。部下を守るとはいえ、そこはしっかり指導しなければなりません。

「先頃、このような指摘を受けた。そのようなつもりはないと伝え、理解してもらったが、指摘されたことにも一理ある。確か以前に、チーム内でも似たようなトラブルが何度かあった。こんなことが続いたら、あなたの損になる。せっかくの努力や実力が認めてもらえなくなる。改善できるよう考えてみてはどうか」

このように話し合えば、批判を成長のきっかけとするのも可能ではないでしょうか。

078

「家族の病気」には長期にわたる配慮を

「家族の病気」は、働き手にとって大変深刻な問題です。

57ページで、「面談ではマネージャー自ら自分の話をし、プライベートについても話しやすい雰囲気作りをしよう」という話をしましたが、これは病気の家族を抱えているメンバーにとって、悩みを打ち明けるうってつけのチャンスになります。

面談の中で家族の話題が出れば、自然と「じつは親の介護が」「看病が必要な兄弟がいまして」といった事情を打ち明けやすくなるからです。

「家族が入退院を繰り返している」「介護が必要な状態にある」などといった家族の事情は、なかなか話せないのが普通です。恥ずかしいことでも隠すことでもないのですが、当人にすれば口にするのは憚られるものです。

実際、私も妻の病気や長男の障がいについて、なかなか打ち明けることができませんでした。「会社に知れたら迷惑をかける」「マイナスになる」と思い込んでいたのです。

でも、あるとき思い切って打ち明けたところ、みな驚きながらも理解を示し「協力します」「できることは遠慮なく言ってください」と言ってくれました。「じつは自分も……」と似たような事情を抱えていることを打ち明けてくれた人もいました。

家族の病気や介護がもとで、実力が発揮できない、会社を辞めざるを得ないなどというのは、大変もったいないことです。このような事態を招かないよう、話しやすい導入をうまく作り、本人の力になるよう努めましょう。

具体的には、次のようなことを知っておくといいでしょう。

・よくある病気や障がい、介護などについてある程度の知識を持っておく
・傷病手当や休業補償など、会社の支援ツールについて調べておく
・支援関係の部署をいつでも紹介できるようにしておく
・時短勤務など、働き方のバリエーションを考えておく

もちろん実際にはマネージャー一人の判断で動くのではなく、会社の指針のもと、然るべき部署と相談の上対応すべきですが、そのための予備知識を事前に持っておくにこしたことはありません。

家族の病気は、短期的な対応でなく長期戦になる可能性も視野に入れ、長い目で見守っていく配慮も必要です。

079

離婚相談には「できれば避ける」のスタンスで

「夫婦関係がうまくいっていない」「離婚したいと思っている」……場合によっては、そんな相談を受けることもあるかもしれません。

何しろ現代は3組に1組が別れる時代です。ただ、相談を受けたり悩みを聞かされたとしても、決して珍しいことではありません。ただ、本気で離婚するとなると、現実には大変です。そう簡単にできるものではありません。

たとえば経済的なこと、住宅のこと、子どものこと。

離婚による財産分与は原則1：1の折半ですが、中には慰謝料が発生するケースもあります。持ち家があれば、誰が住むか、売却したほうがよいのかなど、よく調べてから決めなければなりません。ローンがまだ残っているとなれば、これまた非常に厄介です。

子どものこともそうですね。親権はどちらが持つか、養育費はどうするのか、子どもとの面会はどうするか、離婚後の子育ての分担はどうするか。

仮に話し合いで決着がつかないことがあれば、調停、裁判になることもある。ちょっと考えてみただけでも、大変だということがよくわかりますよね。

したがって離婚相談を受けたときは、感情的なこと以前に、まずは離婚に伴う諸々について触れ、そう簡単ではないということから伝えましょう。「避けられるなら、それにこしたことはないよね」というスタンスがよいかと思います。

当人も薄々わかっていることかもしれませんが、第三者に言われて冷静になるというのはよくあることです。

もちろん、改めて夫婦の話し合いを勧めるのも大事です。

そもそも多くの夫婦は、膝を交えて話し合うということをしていません。本音や気持ちを伝え合わず、感情をぶつけてケンカするだけ、ということが少なくないものです。冷静な話し合いもせずに離婚し、家族がバラバラになり、互いに精神的、金銭的な負担が増えたなんてことになったら、こんな残念なことはありませんよね。

ただし、万策尽きて決めるなら話は別です。話し合いもした、歩み寄ろうともした、もうできることは何もかもした。それでもうまくいかない、もう別れるしかない。本人がそう決めているなら、余計なことは言わず温かく見守りましょう。

次の人生を歩み出す選択肢があっても、決して悪いことではありません。

080

「退職したい」は引き止める

部下から「会社を辞めたい」と相談を受けたら、「辞めるべきではない」というスタンスで対応すべきです。「転職先が決まっている」という場合でも、辞めずに済む解決策を探ってみましょう。

当然ながら、まずは会社を辞めたい理由を尋ねます。そしてそれを解消できる方法はないか、考えてみます。

たとえば「仕事の内容」が不満なら、別の仕事や役割を与えてみる。別の部署がいいのであれば、希望の部署に掛け合ってみてもいいでしょう。

一方、「処遇」が不満なら、周囲や人事に働きかけ、処遇を改善するよう働きかけてみる。子育てや介護など家族の事情が理由なら、時短勤務や在宅勤務に変えるなど、働き方を変えるという手もあります。

中には「人間関係」の不満を訴える人もいるかもしれませんが、その場合は会社を変えても同じ問題に直面することを伝えます。仮に上司である自分に不満があるなら、納得のいくまで話し合うことを提案しましょう。互いに忙しく、話し合いが足らず、誤解していただけということもあるかもしれません。

このように当人の希望に沿うよう話し合っていくと、退職を見合わせることも少なくありません。私もこのようにして部下を何度か引き止めたことがありますが、半数が辞めずに会社に残ってくれました。

要するに、多くの人は「辞めなくてもいい理由」で辞めている。悶々と悩み不満をためてしまっているせいで、視野が狭くなり、ベストな判断ができなくなっているのです。

ちなみに、引き止めて話し合いをする際は、「辞められたら困る」「もう少しがんばれ」などといった声がけは避けましょう。

「辞められたら困る」は会社の事情を押し付けているだけですし、退職を決断した部下に対して「もっとがんばれ」はあまりにも無神経な発言です。会社ではなく、あくまで当人の立場を中心に話し合うことが大切です。

なお、話し合いのための面談は一度で済ませず、複数回行い、当人の意思をしっかり確認しましょう。最初は意思が固くとも、何度か慰留されるうちに考えが変わり、翻意することもあるものです。

081

「転職しても通用するスキル」を身につけさせる

退職を申し出る人の中には、「別の会社に行って力を試したい」「もっと腕を磨きたい」「身につけた力で起業してみたい」という場合もあります。

このような前向きな転職は、悪くありません。「今の会社に不満があるから」ではなく「もっと上を目指したい」ということなら、ぜひとも応援してあげたいものです。

その場合、転職でアピールできる、あるいは起業に役立つスキルがあるかどうか、当人と一緒に、キャリア・成果・実績・能力・性格など、一つひとつチェックし、棚卸し作業を手伝ってもいいでしょう。

仕事のスキルは、大きく二つに分けられます。業種や職種にかかわらず通用するポータブルスキルと、専門的な知識・技術です。なお、ポータブルスキルには次の4種類があります。

①コミュニケーションスキル：相手の話を聞き、理解し、バージョンアップできる能力
②目標設定スキル：求められる期限内に要求された以上の成果を出す能力

③問題解決能力：起きた問題を分析し、素早く対応策を立て、解消に導く能力
④交渉力：お互いが納得する落とし所を見つける能力

専門的な技術・知識とは、たとえば語学、デジタル技術、税理士・簿記・ファイナンシャルプランナーなどといった資格のこと。これら二つのスキルが十分であれば、ある程度どこに行っても通用するはずです。

最近は転職も当たり前の時代になりましたが、私は「転職は慎重の上に慎重を期すべきだ」と考えています。簡単に辞めてしまっては、仕事の面白さ、自分を成長させることの楽しさを経験できないからです。

もちろん、心身を壊されるようなブラック企業は別ですが、そうでないなら、合うの合わないのと不満を言わず、一時腰を据えて全力を尽くすのも大事なことです。

そこを通過しなければ、仕事の何たるかは学べません。ろくな経験もスキルも得られず、未熟なまま転職を繰り返すということにもなりかねません。

たとえ好きな会社でも、途中で合わなくなるということもあります。そうなったとき、スキルがあれば躊躇なく辞められます。「転職しても通用するスキル」を磨くためにも、安易な転職は控えるべきではないでしょうか。

第8章　部下がついてくるリーダーの心得

082

「思いやり」を持つ

部下を育てていくには、何と言っても「思いやり」が欠かせません。プライベートを考慮したり、仕事の悩みに手を差し伸べる気持ちを持つことが大切です。

上司から思いやりを持って接してもらえば、部下はモチベーション高く仕事に向き合えます。やるべきことに意欲を持って臨み、困難に突き当たっても乗り越えようと全力を尽くします。

「思いやり」は、一見仕事と馴染まないように感じられるかもしれませんが、そんなことはありません。昇格や昇給以上に、やる気や意欲を高める効果があると断言できます。

東レ時代、私が事業計画の立案を目的とした合宿に参加したときのことです。

メンバー全員で課題を検討している最中に、うつ状態で入退院を繰り返している妻から「すぐに帰ってきて」と電話がかかってきました。妻の懇願に応えてやりたいものの、仕事を途中で放り出すわけにもいきません。途方にくれた私は、包み隠さず上司に事情を打ち明けました。

すると上司は、「仕事より家族が大事だ。あとは自分が何とかするから、すぐに帰りなさい。心配しなくても大丈夫だから」と言ってくれました。

上司の思いやりに、私は心が震えました。感極まり、涙が出そうになりました。そして心の中でこう決意しました。「この上司のためにも、いい仕事をしよう。精一杯がんばって、必ず結果を出す。それが何よりの恩返しになるはずだ」。この経験から、私は部下を動かすにはほかでもない「思いやり」が重要なのだと痛感したのです。

思いやりとは、単に優しくすればいいわけではありません。相手にとって何が必要かを考え、正しく、適切に思いやっていくことが求められます。

たとえば、新入社員などは時に「厳しく接すること」が思いやりになります。目を離さず、細やかに教育することが相手のためになります。一方レベルの高い社員の場合は、あれこれ指示を出さず、自分で考え実行させていく。「自主性を与えること」が思いやりになります。

マネジメントでは、ともすると部下を駒のように動かそうとしてしまいがちですが、それでは能力を伸ばすことも結果を出すこともできません。同じ目標を共有する仲間として、リスペクトし、思いやりの心を持って接していきましょう。

083

「真摯」であれ

「思いやり」と並んで、マネージャーにとってもう一つ大切なことがあります。「真摯さ」を忘れないということです。

真摯さとは、「人として正しいことをする」ということです。嘘をつかない、謙虚である、人に対して思いやりを持つ……。

人によっては、真摯さなどと言うと、「何をそんな綺麗事を」と言うかもしれません。「わかっちゃいるけど、人を束ねて結果を出すには、そんなこと言ってられないでしょう」と思う人もいるかもしれません。

実際世の中を見渡せば、真摯さとはほど遠い出来事ばかりです。粉飾決算、品質偽装、パワハラ、セクハラ、そしてイジメ。思いやりや真摯さどころか、人を人とも思わず、抜け目なく立ち回り、「結果さえ出させればいい」としか考えていないマネージャーもごまんといることでしょう。

しかし、このようなマネージャーのあり方は間違っています。どれほど有能でも真摯さがなければ、人は「この人についていこう」とは思いません。みなさん自身、狡猾で身勝手なリーダーなんかについていきたくはありませんよね？

真摯さとは、単なるクソ真面目とは違います。仕事で求められる技術や能力をベースに持ち、なおかつ「人柄がいい」「信頼できる」「教養がある」といった人間的魅力を兼ね備えるということです。

企業における人事評価には、「技術点」と「芸術点」という二つの評価基準があります。「技術点」は、事務処理能力やマネジメント力など仕事を進めるのに必要な技術的な能力のこと。一方「芸術点」とは、先ほど挙げました人柄などの人間的魅力のことです。

私が現役だったとき、幹部クラスの多くはこの二つをバランスよく備えていました。技術点はもちろんのこと、胆力や品性があり、人間的魅力に溢れ、「さすが職責上位の人は違うなあ」という印象を強く持ったものです。そうではない方もしばしばいましたが、やはりできる上司の多くは、芸術点が高いと言って間違いありません。

出世や昇進は「要領の良さ」や「ゴマスリ」だなどとも言われますが、それだけで認められるほど仕事は甘くはありません。「真摯さ」を失わずにいてこそ、一目置かれるマネージャーになれるのです。

084

「自信」はなくていい

マネージャーの仕事は、プレーヤーの仕事とはまったく異なります。

プレーヤーが「与えられた仕事に全力を尽くす」のに対し、マネージャーは「部下を率いて目標を達成する」のが使命です。マネージャーとしての務めを果たすには、この変化に対応し、これまでとは思考や行動を変えなくてはなりません。

しかし、中にはこの変化にうまく対応できず、不安を抱え、自信を失い、心が折れそうになっているマネージャーもいると思います。

チームのビジョンを明確に示せない。部下とうまくコミュニケーションがとれない、目標を達成できる気がしない……「こんなことでマネージャーが務まるのか」「自信がないまま続けていいのか」と、弱音を吐きたくなることもあるかもしれません。

そんなときは、こう考えてみましょう。

「自信なんて、なくて当たり前」

実際、誰だって大なり小なり不安を抱えているものです。「100%の自信を持って仕事をしています」という人に、私はいまだかつてお目にかかったことがありません。仕事というものは、そもそも「自信がない」のが普通なのです。

「自信がない」というのは一般的にネガティブに捉えられがちですが、私は必ずしも悪いことだとは思いません。自信がないからこそ、自分を省みたり、自分を客観視することができるからです。

何事かを成し遂げて自信を得るのももちろん大事ですが、それ以上に「自分には欠けているものがある」と自覚することのほうが重要です。その自覚が謙虚さを生み、人から学び努力しようという姿勢につながります。

自信というのは、このように「自信のなさ」からもたらされる謙虚さが育んでくれるものではないでしょうか。

本書でも何度かお伝えしましたが、「自信がない」と思ったら、誰かに教えを乞いましょう。遠慮せず「教えてほしい」とお願いし、助けてもらえばいいのです。自信などよりむしろこれができるほうが大事です。

世の中には根拠もなく自信満々の人もいますが、そういう人は謙虚さが育たず、危ういものです。「ちょっと自信ないなあ」くらいが、ちょうどいいのです。

085

「仕事人間」にならない

マネージャーは、ある意味部下のお手本です。一生懸命働いて、仕事ができて、人望も厚くて、「この人のようなビジネスパーソンになりたい」と思われるのも大事なことかもしれません。

しかし、だからといって「仕事のことしか考えない」「働くことしか生きがいがない」といった「仕事人間」になるのはお勧めできません。

自分にとっての幸せは何か。幸せになるにはどう生きるべきか。そのためにはどういう働き方をしたらいいのか。「がむしゃらに働く」以前に、まずはそうした人生の設計図を描けなくてはなりません。

かく言う私自身、何を隠そう仕事が大好きな「仕事人間」でした。

チームのみんなと力を合わせて目標を達成する。それを通して自分の可能性を追求し、人として、ビジネスパーソンとして成長する。そうやって働くことが、楽しくて楽しくて仕方がありませんでした。

ただ、私は病気の妻の看病や、障がいのある長男、他の子どもたちの世話をしなければならなかったため、定時に仕事を切り上げ、家族のもとに帰らなければなりませんでした。家族の事情があったために、「仕事一筋まっしぐら！」とはいかなかったわけです。

でも、このことは結果的に私に幸せをもたらしました。家族との絆、近所のコミュニティの方々とのつながりなど、「仕事一筋」では得られない貴重な人間関係を築く機会を与えてくれました。

「家族のことがなければ、もっともっと働けたのになあ」という思いがなかったといえば嘘になりますが、今思うと、私は家族のおかげで仕事以外に目を向け、「人生とは何か、幸せとは何か」を考えることができたのです。

そもそも今の仕事は、一生ものとは限りません。「自分には別の道があるかもしれない」と考え、仕事を辞め、人生を仕切り直すこともあるでしょう。そうしたとき、「家族との絆もない」「つながるコミュニティもない」「打ち込める趣味もない」では、どれほど仕事ができたとしても、人生においては失敗者になってしまいます。

マネージャーは仕事の姿勢そのものだけでなく、「仕事だけが人生ではない」という考え方も部下に示していきたいものです。

086

「しなやかさ」を持つ

マネージャーを務めているみなさんの年齢は、だいたい30代半ばから40代前半といったところでしょうか。

まだまだ若く、寝食も忘れてバリバリ働ける人もたくさんいるかもしれませんが、プレーヤーだった頃とは少し働き方を変えるのも大切です。

たとえば40代にもなると、体力的に無理が利かなくなり、集中力や判断力が鈍り、仕事のパフォーマンスが落ちてしまうこともあります。もちろん健康の維持にも気をつけなければなりません。20代の頃のような無茶はできなくなる、ということですね。

もっとも、だからといって「がんばらなくていい」「手を抜いていい」というわけではありません。一つギアを変えて、一段上の働き方へ切り替えるということです。

みなさんは、おそらく知識や経験は十分でしょう。仕事の勘所などもだいぶ学び、諸先輩のやり方から「こういうときは、こうすればいい」という実務のパターンも身についていることと思います。

そこで、ここからは人真似ではなく、自分なりのオリジナルを考えてみる。「これまでに前例がない、でもこれはきっと必要だ」という何かを見つけ、それを部下の力を借りてやってみる。そんなイノベーションに挑戦してみてはどうでしょうか。

部下ができるというのは、本当に素晴らしいことです。自分一人ではできることは限られますが、部下を適材適所に配置して進めていけば、自分一人の何倍もの効果が出ます。その力によって新しい何かを打ち出せれば、会社の期待に応えられ、チームの結束も一際強くなるに違いありません。

30代の初め頃までは、どれだけがむしゃらに働くかで成長が決まるものですが、そこから先はペースを変え、しなやかに、自分らしく働くことが、自分のため、そしてチームのためにもなるはずです。

肩肘を張らず、しなやかに、自然体で働く姿は、周囲の人をほっとさせます。「この人といいたい、一緒に仕事がしたい」と思わせるものです。

「自分は人を束ねるマネージャーだ！」と気負いすぎず、自分をさらけ出すことを恐れず、周囲に余計な垣根を作らない。そんなしなやかな働き方へと、少しずつシフトチェンジするのがお勧めです。

087

かっこ悪いところを見せていい

マネージャーは、部下の前では完璧でいなくてはいけない。無様な姿、弱い自分を見せてはいけない……そう思ってはいませんか？

だとしたら、それは大きな誤解です。かっこ悪いところを見られたからって、気に病む必要はまったくありません。

たとえば、部下がいる前で上司に叱られてしまったとします。

「納期が遅れているじゃないか」「大丈夫なのか」「マネージャーなんだからしっかりしてくれよ」云々……こんなとき、なんとかメンツを保とうと言い訳をしたくなります。部下の手前、上司らしいことを何か言わなければと思うかもしれません。

でも、こういう場合弁明したり上司に食ってかかるのは逆効果です。かえって部下を不安にしてしまいます。もっともなことを指摘されたのであれば、「申し訳ありません、以後気をつけます」と丁寧に頭を下げましょう。

叱られている上司を見て、「マネージャー、かわいそう……」と思う部下もいるかもしれませんが、心配こそすれ、見下す部下はまずいません。むしろ礼儀正しく頭を下げている姿を頼もしく、心強く感じるはずです。

また、叱られた原因が部下にあったとしても、決して部下のせいにしてはいけません。部下のミスは上司の責任。必要に応じて指導はしなければなりませんが、その場ではあなたが引き受け、責任者として粛々と謝罪しましょう。

また、チームで一生懸命に準備してきた企画のプレゼンテーションがうまくいかなかったなどといった場合、「合わせる顔がない」「みんなになんと言ったらいいだろう」と落胆することもあるかもしれません。

そのような場合も、かっこつける必要はありません。無理して虚勢を張ることもありません。「ごめん、ダメだった……」「ガッカリだ、泣きたいよ……」「でもめげずに挑戦していきたいよね……」など、あなたらしく自然体で振る舞いましょう。

本当は落ち込んでいるのに、「みんなを鼓舞しなければ！」と演技しても、結局見抜かれてしまいます。それだったら、一人の人間としてあるがままでいたほうが、信頼はずっと深まります。素直に感情を表していくことで、部下との絆を強め、失敗をチャンスに変えていきましょう。

088

部下は「生徒」で「先生」でもある

仕事に関する知識やスキルを教える、仕事を効率的にこなすコツを教える、仕事において大切なことを教える、仕事の何たるかを教える……こう考えていくと、マネージャーは先生であり、部下は生徒のように感じられます。

何しろマネージャーの最たる役目は「部下を育てること」です。特に仕事が遅い部下、要領の悪い部下、経験の浅い部下には、手をかけ、目をかけ、心をかけて一人前に育て上げなければなりません。

認めて褒めて、時には叱咤激励する。能力を見出し、戦力化し、結果を出していく。まさに「先生」としての意識が必要と言っても過言ではないでしょう。

しかし、だからといって一方的に教え、教えられる関係だと考えるのは早計です。

マネージャーは部下を育てていく過程で、自分の仕事のやり方や考え方を自ずと見つめ直すことになります。

「どういうやり方が最適だろうか」と指導方法を試行錯誤したり、「このようなやり方でよかっただろうか」と省みたり、「あの伝え方は適切ではなかった」などと自らの行動を反省し改めたり。

このように見てみると、部下は「生徒」であるだけでなく、マネージャー自身の成長を促す「先生」であるともいえますよね。

中には、部下を生徒でも先生でもなく「分身」だと考えている人もいるかもしれません。自分と同じようにやらせれば、自分のような成果を出せるはず……そう思い込み、自分と同じ考え方、同じ経験を積ませ、スキルを獲得させようとする人もいるでしょう。実際私も、一時似たようなことを考えた時期がありました。

でも、それは誤りでした。自分とは異なる人格、異なる生き方をしてきた人に、同じようにやらせるというのはやはり無理があります。むしろ違いを認め、部下の持つ価値観や志向性を考慮し、それに合わせたほうが、ずっと成長し、結果につながっていく。私はそのことを、身をもって経験してきました。

要するに、部下は「生徒」であり「先生」であり、「同志」なのです。ともに努力し、支え合い、結果を出していくために教え、学び合う。この気持ちを常に忘れないようにしたいものです。

089

悪口は言わない、陰口は叩かない

仕事をしていれば、上司や同僚、部下について、文句や愚痴を言いたくなることもあります。「参っちゃったよ」「困っちゃったよ」「勘弁してほしいよ」そんなセリフが口を突いて出てしまうこともあるでしょう。

でも、「口は災いのもと」ということも忘れてはいけません。

特に悪口と受け取られかねないことは、口にすべきではありません。悪気なく言ったつもりでも、それが悪口として伝わってしまうというのはよくあることです。

ましてや欠点をあげつらったり、侮辱するようなことを言うのはもってのほか。新人や若手ならいざ知らず、メンバーを束ねる立場の人間は、不穏な発言をしないよう気をつけなければいけません。社内での評判が悪く、よく悪口を言われる人であったとしても、周囲と調子を合わせて悪く言うのは避けましょう。

もちろん、自分の部下についてはなおさらです。本人に伝わってしまったら、信頼関係にヒビが入り、今後マネジメントがしにくくなるのはいうまでもありません。

悪口や陰口は、親しみを込めた愛情表現の裏返しということもありますが、万が一悪口だと誤解されでもしたら、取り返しのつかないことになります。関係性を取り戻すのに大変な労力を費やすことになります。

そんなリスクを考えたら、「悪いこと」は口にしないに限ります。

一方、部下の誰かが自分のことを悪く言っていると耳にしたら……その場合は、基本的に聞き流して良いと思います。部下が仲間内で上司の悪口を言うのはよくあること。みなさんも、きっと身に覚えがありますよね。

ただしその悪口が少々辛辣だった場合、これは立ち止まって考えてみる必要があります。単なる文句や愚痴だと聞き流さず、どこに原因があるのか、その部下に対して誤解やすれ違いが生じていないか、反省しなければならないということですね。

考えた末、不満や不信感を抱いていると察したら、修復すべく話す機会を持ちましょう。「悪口を聞いた」などとは知らせずに、さりげなくアプローチすることが大事です。理解し歩み寄ろうとしてくれているとわかれば、次第に悪口もなくなるはずです。

そしてこれを機会に、不満があれば陰で言わず、口に出して言い合える関係性を作っていくのが理想です。

090

「教養＝生きた知」を身につける

マネージャーは、物事の本質を見極める判断力や、人を理解し動かしていく人間力が必要です。これらを会得するには、さまざまな観点からものを見て考える「知性」を身につけることが求められます

そのためには、哲学、文学、歴史、科学、芸術など、人間性の土台を育み、豊かな精神を養ってくれる読書を心がけるといいでしょう。

本書のようなマネジメントに関する実用書や、リーダーの心得、部下の動かし方といったノウハウ本ももちろん役立ちますが、それだけでなく、ビジネスとは直接関係がないような教養書も読んでみるのがお勧めです。

分厚かったり、難解だったり、ちょっと手を出しにくいジャンルかもしれませんが、長年読み継がれてきた本には人間性を育む底力があります。すぐに役に立たなくても、太く長く効き目を発揮してくれます。

ただし、知性や教養を身につけるといっても、本を読んで知識を詰め込めばいいという

ものではありません。哲学や歴史などについての知識は、幅広い人脈を築くのに持っているに越したことはありませんが、単に人にひけらかすだけでは宝の持ち腐れです。

エリートと呼ばれる人の中には、知識＝教養だと思い込み、自慢げに語る人もいますが、そういうものは現場で役立たない「死んだ知」です。ビジネスパーソンに求められるのは、あくまで仕事で成果を出し、人を幸せにするための「生きた知」なのです。

「生きた知」という意味で言えば、読書以外に、名作と呼ばれる映画、演劇、音楽、古典芸能などに触れるのも大事です。美術館で芸術作品を鑑賞したり、博物館で展示物を見たり、古刹名刹、名所旧跡、美しい風景や絶景などを見に旅行するのもいいでしょう。

私はかつて仕えた社長から「死ぬまでに一度見ておくといい」と、次のものを勧められました。「エジプトのピラミッド」「ネパールのヒマラヤ山脈」「山形の湯殿山にある即身仏」の三つです。

私は三つのうち即身仏を見ましたが、確かにその存在感たるや半端ではありません。人間存在を超える圧倒的なエネルギーを感じ、身が引き締まる思いがしたものです。

このように「本物」には「生きた知」が宿ります。そうしたものに触れる機会を持ち、多少のことに動じない人間力を高めていきましょう。

091

「多読」より「精読」

「知性を養うために読書を」と言いましたが、「たくさんの本を読まなければ」と考える必要はありません。心がけるべきは「多読」より「精読」です。

「あれもこれも読んだ」と聞くと「すごいな」「頭がいいんだな」と思うかもしれませんが、多読家の多くは、読むことに一生懸命で、実践に活かし切れていない人が少なくありません。周囲を見渡しても、「多読家＝仕事ができる」とは程遠い印象です。

私も一時「たくさん読まなければ」と思い、次から次へと読みまくったことがありますが、たくさん読んでも実践には役立たないとわかり、以後多読はやめました。それよりも「これだ！」と思う本を何度も読み返す＝精読をするようにしたのです。

では、何を精読したらいいのか。こればかりはあれこれ手に取り、自分で選んでいくしかありませんが、ポイントは内容や文体が自分に合っていて、読んでいてスッと頭に入ってくること。

むずかしいけれど、なんだか読み進めずにはいられない。シンプルな言葉で書かれているけれど、心にズシンと響いてくる……このように、自分に合う本は十人十色。自分の感性やレベルに合ったものを選べばいいでしょう。

ちなみに、私のお勧めを一冊挙げるとしたら、やはり『論語』です。ご存じの方も多いと思いますが、儒教の教祖・孔子の教えをまとめた問答集です。私は『論語』をもう何度も、数え切れないほど読みました。

単に読み返して終わりではありません。感銘を受けた言葉や重要だと感じたポイントを、手帳やノートに書き出しました。ことあるごとにそのメモを読み返し、目の前の課題や問題に落とし込み、本の内容を仕事に活かすようにしていました。仕事を通して、『論語』に書かれたことを血肉にしたといったところでしょうか。

といっても、『論語』に心酔して内容を鵜呑みにしていたわけではありません。むしろ読んだ内容に対して「これは本当か?」「一体何を言いたいんだ?」と批判的に読みました。もちろん納得しながら読んだ部分もありますが、それより批判的に、ツッコミを入れながら読んだところのほうが、深めて読めたと言っても過言ではありません。

納得したり突っ込んだり、対話するように読書する。知性を高め、人間力や仕事力を高めるためにも、時には本との濃密な時間を持ちましょう。

第9章　新しい時代の部下育成

092

「フリーアドレス」は運用ルールが肝

最終章では、最近登場した新しい仕事のスタイルについて考えてみましょう。まずは「フリーアドレス」。席を固定せず、その日、その時間に空いているデスクを使うワークスタイルです。働き方の多様性が重視されている近年、オフィスの新しい形として注目されていますよね。

フリーアドレスでは、席や部署が固定化されていないため、チームの垣根を越えたコミュニケーションが可能です。

他部署の人たちとの交流が促され、幅広く情報交換ができるだけでなく、これまで接点のなかった部署からの意見をヒアリングすることも容易になります。このような環境だと、人脈が広がったり、新しいアイディアが生まれやすくなることが期待できます。

また、プロジェクトなどに応じてオフィスのレイアウトを変えられるのも、フリーアドレスのメリットです。これまで一人一人に与えられていた文房具や書類などの備品を、共有キャビネットに収納すれば、スペースやものの節約にもつながります。すっきりと風通しのよい環境が整えば、作業の効率化もより進むはずです。

しかし一方で、デメリットもあります。メンバーの居場所や仕事の進捗が把握しにくい、席が固定化されていないため仕事に集中しにくい、結局いつも作業する場所が決まってしまい、フリーアドレスにする意味がない、などといったことです。

自分用の席がない、決まった居場所がないということは、案外落ち着かないものです。なんとなくいつもの席、いつもの場所に座ることになり、結局チームで固まって座っているというのもよくあることです。

また、「たまには別の場所で作業しよう」と適当な席に座ったところ、いつもその場所を使っている人に面白くない顔で見られ、そそくさと別の場所に移動した、などといった話もしばしば聞きます。人間の心理として、やはり「定位置を確保したい」「定位置を取られたくない」という意識が働くものなのかもしれません。

フリーアドレスを活かすには、こうしたことに配慮し、運用のルールを決めていくことが大事です。何のためのフリーアドレスなのかを周知し、誰がどこにいるかもわかるようにしておく。「そのうち慣れるだろう」と放っておかず、どうすれば有効活用できるかよく考え、その組織に合ったフリーアドレスの形を模索するようにしたいものです。

093

「ビジネスチャット」はあくまで連絡手段

最近は、社内のコミュニケーションツールに「Slack（スラック）」や「LINE WORKS（ラインワークス）」といったビジネスチャットアプリを利用する会社も増えています。日本での普及率はまだ3割程度のようですが、チームごと、あるいはプロジェクトごとにグループ化し、手軽に「報告・連絡・相談（ホウレンソウ）」ができることから、今後取り入れる会社も多くなっていくでしょう。

まずメリットですが、情報伝達の正確性、情報の一元管理、気軽で迅速なやりとりができる、などといったことが挙げられます。

ビジネスチャットツールは、LINEのように相手が読んだら既読マークがつきます。何人が見たか、どんなやりとりがされたのかも一目瞭然です。これがあれば、認識のズレや行き違いなどを防ぐこともできますよね。

また、デジタルファイルやウェブサイトのURLを添付することもできますから、必要な情報を全員で即共有、確認もできます。短い文章でさくっと気軽にやりとりできるので、コミュニケーションの活性化に役立つことは言うまでもありません。

しかし一方で、デメリットもあります。対面でのコミュニケーションが減り、やりとりが表面的になり、重要なことが伝わらなくなる可能性があることです。

たとえば、仕事をスムーズに進めるには、どのような経緯を経てそこに至ったのか、どのような思いで発案したのかなど、肝心なところをしっかり共有する必要がありますが、チャットに書かれた文章だけでは、そこが伝わらない恐れも否めません。

そのせいで、信頼関係が今一つ築かれず、どうも足並みが揃わないなどといったことにならないよう、十分な注意が必要といえるでしょう。

ビジネスチャットは、非常に便利です。やることがたくさんあると、つい何でもこれで伝えればいいと思ってしまいがちですが、あくまで「連絡手段」であることを忘れてはいけません。内容や重要度に応じて、時間をとって対面で話し合う、電話で直接会話するなど、適宜使い分けることを心がけましょう。

近年は、電話をかけたり受けたりするのが苦手な若者も少なくないと言いますが、SNSなどのデジタルコミュニケーションに慣れた世代にとっては、それもある意味致し方ないこと。そこを踏まえ、適切に指導していきましょう。

094

「リモートワーク」は必要性の吟味を

「リモートワーク」は、コロナ禍の影響でだいぶ世の中に浸透した感があります。これにより、働き方が変わったという人も少なくないでしょう。改めて挙げるまでもないかもしれませんが、プラス面とマイナス面を振り返っておきましょう。

まずはプラス面です。通勤時間や不要な会議を減らすことができ、ムダな時間を大幅に削減することができます。余計な仕事を頼まれたり、電話に出なければならないこともないため、作業に集中でき、生産性がアップします。

このほか、家族と過ごす時間が増やせる、育児や介護に対応しやすいなど、公私にわたりさまざまなメリットがあります。

一方マイナス面としては、勤怠管理がむずかしいこと、社内コミュニケーションが不足がちになること、結果主義に傾きがちになったり、長時間労働になりやすくなることなど。人によっては家族と顔を合わせる時間が増えたせいで、ストレスが増し、ＤＶや離婚を招いたという例もしばしば聞きます。

リモートワークは、必要に迫られ、半ば勢いで始めたという会社も少なくないと思いますが、今後は職種や職場の事情をよく鑑みた上で、どのように取り入れるべきか考え直さなければならない時期に来ているといえるでしょう。

たとえば勤怠管理の方法は、コアタイムを定めて行う、チャットや電話で業務報告をする、ウェブ会議システムを常時接続するなどの方法がありますが、管理が甘ければ連携不足につながりかねませんし、厳しすぎれば監視されているようで仕事がやりにくくなり、作業効率が落ちることも考えられます。どんなやり方がベストか検討し、ルールを決めるなどして、自分たちに一番合ったやり方を選択したいものです。

また、自分たちの業務がそもそもリモートに向いているのかどうかを考え直してみるのも大事です。

たとえば、チームで密に連携しなければならない営業、あるいは開発関係の仕事などは、常にディスカッションが求められるため、やはりリモートには不向きと言わざるを得ません。リモートを取り入れるなら、相当知恵を絞らなければならないでしょう。

近年は、リモートワーク導入のためのツールやシステムが次々開発されています。それらを適切に選び、使いこなし、チームの活性化に有効活用していきましょう。

095

「複数（海外）拠点」の部下の指導について

部下が複数の拠点にいる、離れた場所で働く部下とやりとりしなければならない。そのような場合も、ITツールをフル活用することが不可欠です。今一度、管理すべきことを確認してみましょう。

・進捗の確認（やるべきことがきちんと進んでいるか）
・達成の確度（確実さの度合いはどの程度か）
・組織のコンディション（今部下のいる組織はどのような状態か）
・顧客の情報と競合情報（お客様、競合他社についてどんな情報があるか）

次は、それらをどのように報告させるか、以下を決めておきましょう。

・報告時間（1週間に1度、あるいは2日に1度など）
・ヒアリング項目（具体的に何を報告させるかをリストアップ）
・業務効率化のためのツール（各種支援ソフトは何を使うかなど）

たとえば、表計算ソフトならGoogleスプレッドシート、営業支援ツールなら

Salesforce（セールスフォース）、ウェブ会議システムならzoomを使うなど。

これらは複数拠点に限らず、リモートワーク自体の基本かもしれませんが、遠く離れていて状況が掴みにくいならなおのこと、細やかに確認し合い、随時情報共有できる態勢を整えておくことが大事です。

海外が拠点の場合もまったく一緒ですが、海外は国内と異なり、人事のスケジュールが重要です。いつ、どの人材を配置するかを、前もってしっかり準備しておかなければなりません。

というのも、海外は国内とは何かと事情が異なります。仕事の幅も国内の3倍程度はあります。そのため着任前の教育が必要不可欠となります。

たとえばその国の政治、文化、風習、問題点、事業の動向など。それらをしっかり身につけた人を送り出す必要があります。海外では国内では認められないような不正が、日常茶飯事ということもしばしばです。そうしたことに対する心構え、対処法も含め、それなりに時間をかけて準備して進めなければならないわけです。

近年は海外駐在員に関する人事業務を中心にサポートする「AGAVE」などのクラウドサービスも登場しています。こうしたサービスを活用してもいいかもしれません。

096

「プロジェクト制」のマネジメントについて

仕事は普段のチーム以外に、特別に編成された「プロジェクト制」で進める場合もあります。プロジェクトマネージャーに任命されたり、自分のチームのメンバーがプロジェクトメンバーを兼務する場合などに備え、基本を押さえておきましょう。

「プロジェクト制」とは、特定の目的を達成するために、専門スキルのあるメンバーを集めてプロジェクトを遂行していくといった組織構造です。

たとえば、顧客の要望に応えて特別なプロダクトを開発する、自社で新たなサービスをスタートさせるなど。一般的なチーム業務に比べ、目的や期限が明確で、計画通りに遂行し、より確実に成果を出さなければならないのが特徴です。

また、プロジェクトマネージャーは通常のチームマネージャーに比べて、大きな権限を与えられています。ミッション遂行のハードルが高く、より高度なスキルが求められる一方、マネージャーの裁量に任せられるところも大きくなるわけです。

当然プレッシャーも感じるでしょうが、これは実力を試すうってつけのチャンスともいえます。プロジェクトの仕事というのは、会社にとって重要度が高い場合が多く、選ばれるメンバーもそれなりの人材が集まりますから、普段の仕事とはまた違ったやりがいも感じられるのではないでしょうか。

プロジェクトチームの場合、チームメンバーも兼任者が多いため、通常のチームより管理体制を徹底する必要があります。

たとえば、スケジュールの管理、ミーティングの定期設定、各自の行動やクライアントの報告書作成（どんな様式にするか、インターバルはどうするか）など。チームの目標や行動方針についても、しっかりと共有することが求められます。

もちろん、コミュニケーションをしっかりとるようにすることも大事です。いつものチームと異なり、人間関係がそれほど築かれていないぶん、より丁寧なコミュニケーションを心がけ信頼関係を固めていきましょう。

ちなみに、プロジェクトチームではメンバーの人事評価にも配慮が必要です。

「そもそも優秀なんだから、自分が今さら評価するまでもないだろう」などと思わず、当人の評価が上がるよう、メンバーの上司や関係者に積極的に働きかけることも忘れないようにしたいものです。

097

「フラット化した組織」でのマネジメントについて

近年は、「組織のフラット化」が見られるようになりました。「組織のフラット化」とは、端的にいうと、中間管理職をなくし、トップと現場を直接結び付ける組織のことです。

これまでは組織といえば、社長がいて、役員がいて、部長がいて、課長がいて、係長がいて、社員がいて……といういわゆるピラミッド型が当たり前でした。

一方フラット化した組織では、この階層が一気に減ります。たとえば社長や役員の下に、マネージャー、そして社員……といった具合です。

このような態勢だと、現場の声や状況がよりスピーディーに経営陣に伝わり、より早い意思決定ができます。コミュニケーションもスムーズになり、生産性も上がります。会社にとっても社員にとっても、非常に有意義な変化だといえそうですよね。

しかし、デメリットもあります。トップへの情報量が多くなりすぎたり、マネージャーの負担がものすごく増えることです。

フラット化した組織では、ピラミッド型に比べ、社員一人一人に高い自立心が求められます。マネージャーがより教育に力を入れなければならないということです。

と同時に、トップに近い分、経営に関する知識や情報もそれなりに身につけ、対応できるようになっておかなければなりません。マネージャーは教育から経営に至るまで、ある程度何でもできる多能化が求められるというわけです。

とはいえ、マネージャーが一人で背負うには限界があります。あれもこれも引き受けていては、体を壊してしまうかもしれません。そこでお勧めしたいのが、チームの中でナンバー2、3、4……とサポート役をそれとなく決めておくことです。

それぞれの能力や得意なことに応じて、担当を決め、任せていく。そうすればマネージャーの負担が軽減し、なおかつメンバーを育てることにもつながりますよね。

組織のフラット化は、おそらくどこも試行錯誤の真っ最中です。フラット化を試みたものの、うまくいかずに中間管理職を戻したり、マネージャーの下に新たに主任を置いてみたり。人数が多いほど、やはり一定の階層は必要だということかもしれません。

なお、フラット化を成功させるには、マネージャーだけでなくメンバー全員の多能化を目指すことが大事です。社内外における研修を強化するなど、メンバー一人一人の実力アップにつながる取り組みを、積極的に取り入れていきたいものです。

098

「管理職」が避けるべきこと

前項でお伝えしたように、昨今は中間管理職をなくす「組織のフラット化」が進んでいます。もちろんまだ途上ですが、今後この傾向は加速すると考えられます。管理職のあり方が見直され、これまでのような管理職は不要になってくるということです。

では、不要な管理職とはどのようなものか、「管理職失格」と言わざるを得ない例を挙げながらみていきましょう。

・生産性の悪い管理職

たとえば部下に資料を作らせ、自分はチェックし、上に報告するだけ。部下に特段のアドバイスもせず、できたものをさも自分がやったかのように提出・挨拶だけをする。こういう上司は数え切れないほどいますが、これは生産性の悪い上司の典型です。

また、しなくてもいい業務を作り出す、重要度の評価もせず何でもかんでも全力でやらせるなども管理職失格です。本書で繰り返し述べましたが、業務の適切な時間配分ができないということは、生産性を妨げているのと同じことです。

やたらと厳しい規則を作り、決めたようにやらないと部下を叱ったり、そのくせ意味もなく部下を呼び不要な会議をやりたがる、なども同様です。

・指示が曖昧で、一貫性や整合性のない管理職

指示が曖昧で、任せたり任せなかったりなど一貫性や整合性に乏しい上司は、仕事を混乱させます。明確でわかりやすい説明ができない人は、管理職として失格です。

・組織のミッションや方針を無視する

組織には必ず理念や方針があります。普段の業務で意識することは少ないかもしれませんが、ここを無視する人は組織の成長を妨げる恐れがあります。

利益を追求することももちろん大事ですが、そこにばかり気を取られてはむしろ損失を招くこともあります。新たな取り組みやアイディアを実行するとしても、理念や方針は絶対に外さないようにしなければなりません。

このほか、一部の部下をえこひいきする、権威を振りかざす、コミュニケーションがとりにくいなど、人格的に問題のある人も管理職には不向きです。

マネージャーは会社を支える重要な柱です。「組織全体の最大効果」を考慮できず、目先のこと、自分の利益しか考えられない人も、今後は淘汰されていくでしょう。

099

これからの管理職に求められること

では、これからの管理職、マネージャーに求められることは何でしょう。

端的にいうと、前項で述べた管理職失格の反対です。真逆のことを心がけていけばいいということです。

組織の最大値を考えた戦略を立て、行動に移せるか。

部下の個性や長所を理解し、それに合わせた対応ができるか。

組織のミッションを理解し、それに沿った行動ができるか。

明確な指示を与え、整合性の取れた言動ができるか。

これらができるだけでももちろん立派ですが、できればもう一つ、目指していただきたいことがあります。

「新しい価値を創造する」「ビジネスモデルを作る」ということです。

たとえば、本書でも触れましたが、私は東レで漁網や釣り糸を扱う課の営業課長に任命されたとき、まず「自分はここで何をすべきか」を考えました。

当時東レの漁網はシェア５割でしたので、これを普通に扱っていれば利益は出せます。課長としての任務も楽勝で果たせます。しかし、それは部下だけでもできること。それでは課長のミッションとはいえません。

そこで私は、低迷する釣り糸のほうに目を向けました。釣り糸で利益を上げるには、長年続いてきたサプライチェーンそのものを変える必要があります。これは非常に困難で、並大抵のことではできません。

でも、そのサプライチェーンの構造はどう考えてもおかしい。「新たな価値の創造を通して社会に貢献する」という会社の経営理念を考えたら、これはもうチャレンジするしかない。私は無茶を承知で着手し、考えに考え抜き、ありとあらゆる手段を使って、サプライチェーンの改革を、つまり新たな価値を創造することを試みたのです。

みなさんもどうか、同じことを試みてください。小さなことでも構いません、組織の最大値を高め、理念に沿った新しいビジネスモデルを考え、挑戦してみましょう。

新しい価値を創造するというのは、いわば経営者になったつもりで取り組んでみるということです。これからのマネージャーに求められるのは、「管理職」ではなく「経営職」の資質と言っても過言ではありません。

100
「エンゲージメントアップ」に務める

これまでの中間管理職というのは、トップの意向を下へ伝え、現場の実態を上に上げるといった、情報伝達が主な役目でした。

しかしデジタル化が進んだ今、もはや情報伝達は不要です。トップの考えや会社の動向などは、中間管理職がいなくても直接全社員へ伝えられます。現場の見える化が進めば、情報伝達としての中間管理職の役割はますます薄れるでしょう。

では、今後中間管理職、マネージャーは、情報伝達に代わってどんな役目を果たすことになるのでしょうか。

それはメンバーの「エンゲージメントアップ」に務めるということです。

エンゲージメントとは、会社に対する貢献意欲、組織に愛情を持ち「この会社のためにがんばろう」という気持ちを持つことです。人がどんなときにエンゲージメントを抱くか、代表的なものを挙げてみましょう。

・自分が重要な業務に関わっているという意識を抱いたとき

・何に責任を持つべきかを理解したとき
・メンバーどうしがつながっていると感じたとき
・組織としての一体感、そのことに自分も関わっていると感じたとき
・自分は評価されていると実感したとき

マネージャーはこうしたことを理解し、これらに基づいた行動をとることが求められます。ただ機械的に行動すればいいだけでなく、ここに込められた哲学も理解する。「エッセンス（哲学）」と「フォーム（行動）」の両者を併せ持つことが大事です。

ただしエンゲージメントアップといっても、上の指示に従うだけの会社人間を作り出せばいいというわけではありません。

組織への貢献意欲を高めるには、むしろ自分自身の考え方を確立し、自主性を持てるようにならなければいけません。自分なりの目的を明確にし、自分のミッションは何かを自ら考えられて初めて、組織の力となることができます。

そのためには、メンバーとのコミュニケーションを深め、強い信頼関係を築いていくことも欠かせません。上司と部下というビジネス的な枠組みを超え、部下も自分も活かすマネジメントを試みていただきたいものです。

おわりに

会社に入ってきた新入社員を見ていると、その人がどの部署に配属されどんな人の下でどう指導を受けたかでその後の成長が大きく変わるということに感じました。

自分一人の力で学ぶということも大事ですが、経験ある先輩がきちんと指導することはその人のその後の成長にとってとても大事なことです。どう指導するかについてこの本の中で多くのアドバイスを指摘させてもらいました。

ただ、本当に部下の気持ちを奮い立たせ本人の能力をフルに発揮させるものは「上司への信頼」と「上司の持つ志」ではないかと思います。

部下が「この上司は頼れる」「この人にはついていける」といった信頼があってこそ、部下は「上司の指示だから」ではなく「自分からやってやろう」となって伸びていくのです。また自分に与えられた使命をなんとしてでも達成したい、なんとか部下を成長させたいという上司の「志」も部下のモチベーションを高めます。そういう意味では、部下の心を動かすのはスキルでも権力でもなく上司への信頼と上司の持つ志といっていいでしょう。「信頼」と「志」はリーダーシップの本質であり、人を動かす原動力です。

私はビジネスマン時代を通じて仕事をする中で組織の持つ強さと難しさを知りました。

仕事の成果というのはその人の「能力と努力と人間性」の結果です。仕事をしていく上で、すばやく計算する力や新しい斬新な企画を出す力といったような能力が要求されます。

しかし能力や努力だけでは、結果が付いてきません。

ビジネスをする上ではこの能力と努力（熱意）は欠かせないものですが、この二つよりももっと大事なことは「人間性」や「考え方」です。

「人間性」とは「その人の考え方の表れ」であり、「考え方」とは理念、哲学、思想などであり、その人が生きていく上での基盤・基軸としているものです。

つまり「人間性」とは、その人の生きる姿勢であり心のあり方なのです。そして人が成長するということは、この人間性を磨くということでもあります。

部下を伸ばすには、自分の人間性と考え方をきちんと確立しておくことが不可欠ではないかと私は考えています。この本が部下の指導で悩んだり苦労している方々の少しでも参考になってくれたらうれしいです。


佐々木常夫マネージメント・リサーチ代表　佐々木常夫

〈著者紹介〉

佐々木常夫（ささき・つねお）

秋田市生まれ。株式会社佐々木常夫マネージメント・リサーチ代表取締役。69年、東京大学経済学部卒業後、東レ株式会社に入社。家庭では自閉症の長男と肝臓病とうつ病を患う妻を抱えながら会社の仕事でも大きな成果を出し、01年、東レの取締役、03年に東レ経営研究所社長に就任。内閣府の男女共同参画会議議員、大阪大学客員教授などの公職も歴任。「ワーク・ライフ・バランス」のシンボル的存在である。

著書に『ビジネスマンが家族を守るとき』『そうか、君は課長になったのか』『働く君に贈る25の言葉』『リーダーという生き方』『働く女性たちへ』（以上、WAVE出版）、『ビジネスマンに贈る生きる「論語」』（文藝春秋）『それでもなお生きる』（河出書房新社）『実践・7つの習慣』（PHP研究所）『上司の心得』（角川新書）『人生の教養』『ビジネスマンの教養』（ポプラ社）などがある。

2011年ビジネス書最優秀著者賞を受賞。

部下が伸びるマネジメント100の法則

2023年2月10日　初版第1刷発行

著　者——佐々木常夫　
発行者——張 士洛
発行所——日本能率協会マネジメントセンター
〒103-6009 東京都中央区日本橋2-7-1　東京日本橋タワー
TEL 03(6362)4339(編集)／03(6362)4558(販売)
FAX 03(3272)8128(編集)／03(3272)8127(販売)
https://www.jmam.co.jp/

執筆協力——藤原千尋
装丁・本文デザイン——冨澤 崇（EBranch）
D　T　P——株式会社キャップス
印 刷 所——広研印刷株式会社
製 本 所——ナショナル製本協同組合

ISBN 978-4-8005-9073-2　C2034
落丁・乱丁はおとりかえします
PRINTED IN JAPAN